DAFYDD AP GWILYM

Copyright © 2017 Read Books Ltd.
This book is copyright and may not be
reproduced or copied in any way without
the express permission of the publisher in writing

British Library Cataloguing-in-Publication Data
A catalogue record for this book is available from the
British Library

MYNACHLOG YSTRAD FFLUR YN 1741

RHAGAIR

Paratowyd y llyfryn hwn ar gais Bwrdd Gwasg Prifysgol Cymru. Fel y gwelir, nid oes sicrwydd am flwyddyn geni Dafydd ap Gwilym, ond bwriedir i'r llyfryn fod yn rhan o ddathliad ei chweched canmlwyddiant.

W. J. GRUFFYDD.

PREFACE

This booklet has been prepared at the request of the Press Board of the University of Wales. As will be seen, the date of Davydd ap Gwilym's birth is uncertain, but the booklet is intended as part of the celebration of his sixth centenary.

The English version is in general a close translation of the Welsh text. Here and there, however, the sense rather than the exact wording of the original has been followed.

W. J. GRUFFYDD.

Y DARLUNIAU

1. Mynachlog Ystrad Fflur yn 1741. Ysgythriad ar ddur gan Samuel a Nathaniel Buck. Mae'r fynwent tu ôl i'r adfeilion.

2. Ffolio 4 o Lawysgrif Peniarth 48, o gasgliad Hengwrt, yn y Llyfrgell Genedlaethol. Hon yw'r llawysgrif hynaf sydd gennym o waith Dafydd ap Gwilym, ond nid oes ond wyth o gywyddau ynddi. Dywed y Dr. Gwenogvryn Evans amdani, "It is doubtful if the oldest part can be earlier than 1450."

3. Ffolio 28a o Lawysgrif Peniarth 49, o gasgliad Hengwrt, yn y Llyfrgell Genedlaethol. (Argraffwyd y llawysgrif hon, wedi ei golygu gan T. Parry, yng nghyfres yr *Adysgrifiadau o'r Llawysgrifau Cymraeg* gan Wasg Prifysgol Cymru, 1929). Y casgliad pwysicaf o waith Dafydd ap Gwilym, wedi ei ysgrifennu gan mwyaf gan y Dr. John Davies o Fallwyd. Ysgrifennwyd y rhan a ddangosir yma cyn 1577, medd y Dr. Gwenogvryn Evans, ond nid llaw y Dr. Davies yw hon.

4. Rhan o golofn B. ar d. 227 o Lawysgrif Llanover C5 yn y Llyfrgell Genedlaethol, yn llaw Iolo Morganwg. Y pennawd yw "Cywydd i yrru'r haf i annerch Morganwg (o lyfr Jⁿ. Bradford)." Argraffwyd y cywydd yn yr "Ychwanegiad" i *Barddoniaeth Dafydd ap Gwilym*, 1789. Dangosodd Mr. G. J. Williams mai ffug o waith Iolo Morganwg yw hwn, fel holl gywyddau'r "Ychwanegiad" ond pedwar. Gweler y Llyfryddiaeth, rhif 2 a 19.

THE ILLUSTRATIONS

1. The Abbey of Ystrad Fflur (Strata Florida) in 1741. Steel engraving by Samuel and Nathaniel Buck. The cemetery is behind the ruins shown in the engraving.

2. Folio 4 of Peniarth MS 48, from the Hengwrt collection, in the National Library of Wales. This is the oldest manuscript extant of the poems of Davydd ap Gwilym, but it contains only eight *cywyddau*. Dr. Gwenogvryn Evans says that "it is doubtful if the oldest part can be earlier than 1450."

3. Folio 28a of Peniarth MS 49, from the Hengwrt collection, in the National Library of Wales. (This MS was edited by T. Parry and printed by the Press Board of the University of Wales in the Series of Reproductions of Welsh Manuscripts). The most important collection of Davydd ap Gwilym's works, written for the most part by Dr. John Davies of Mallwyd. The portion reproduced here was written before 1577 according to Dr. Gwenogvryn Evans, but it is not in Dr. Davies's hand.

4. Part of Col. B. on p. 227 of Llanover MS C5 in the National Library of Wales, in the hand of Edward Williams (Iolo Morganwg), and entitled "Cywydd to send the Summer to greet Glamorgan (from John Bradford's book)." This cywydd was printed in the Appendix to the 1789 edition of Davydd's works. Mr. G. J. Williams has shown that this is a forgery by Iolo Morganwg, like all but four of the Appendix cywyddau. See Bibliography Nos. 2 and 19.

DAFYDD AP GWILYM

§1

TUA chwe chan mlynedd yn ôl, yng nghanol y bedwaredd ganrif ar ddeg, nid oedd yng Nghymru ond ychydig iawn o'r hyn a alwn ni heddiw yn fywyd trefol. Seisnig oedd y trefydd mawrion, wedi eu codi gan y Normaniaid yng nghanol gwlad wyllt Cymru i gadw'r brodorion mewn trefn, ac i warchod llywodraeth y brenin; nid oedd gan Gymro hawl i fod yn fwrdais ynddynt, ac ychydig os dim Cymraeg a siaredid yno. Rhaid inni feddwl am Gaernarfon a Chonwy a Chaerdydd a llawer o drefydd eraill fel sefydliadau milwrol estronol, a swyddogion a rhyfelwyr y Saeson yn torsythu ar eu heolydd. Cai'r Cymry, a oedd yn byw yn ôl eu hen ddull oesol hwy tu allan i furiau'r dref, ddyfod i mewn

DAVYDD AP GWILYM

§1

ABOUT six hundred years ago, in the middle of the fourteenth century, there was in Wales but little of what we call "town life." The larger towns were all English; they had been built in the wild Welsh country to keep the natives in order, and to safeguard the King's dominion. No Welshman could claim the right to be a burgess, and little Welsh, if any, was spoken in the towns. We must think of Caernarvon and Conway and Cardiff and the other boroughs as foreign military settlements, with English soldiers and their officers strutting through the streets. The Welshmen, who lived according to their ancestral customs outside the walls, might now and again come through the gates to sell their

weithiau i werthu ŵyau ac ymenyn ac i brynu nwyddau "siêb," yr hyn a gynhyrchid yn Lloegr ac mewn gwledydd eraill ac a werthid mewn siopau yn y farchnad. O fesur tipyn, gallwn dybio, fel yr oedd yr hen elyniaeth yn lleddfu, yr oedd mwy a mwy o Gymry yn dyfod i gyfathrach â gwŷr y trefydd ac i wybod am adnoddau materol y byd mawr oddi allan a'r moethau newydd estronol. Mewn amser, daeth rhai o'r uchelwyr Cymreig hyd yn oed yn gwnstabliaid y cestyll yn y trefydd, ac i ddal swyddi pwysig eraill dan y brenin; a dechreuodd bywyd Lloegr gyda'i ddulliau modern a'i "gynnydd" a'i helaethrwydd lifo'n araf dros yr hen fywyd Cymreig cyntefig. Ar yr uchelwyr y cafodd yr effaith fwyaf o lawer; ychydig a wyddai'r werin a oedd yn trin y tir amdano. Ond rywsut neu'i gilydd, nid oedd y canlyniad yn debyg i'r hyn a ddisgwylid. Gallodd y Rhufeinwyr dan amgylchiadau llai ffafriol rufeineiddio a lladineiddio holl dir Gâl ac Ysbaen, a phe cawsent fwy o amser buasent wedi gwneud peth tebyg ym Mhrydain, ond methodd Saeson y trefydd seisnigeiddio'r Cymry; yn lle hynny digwyddodd yr un peth yng Nghymru ag yn Iwerddon. Aeth disgynyddion y Saeson Normanaidd, a ddaethai i Gymru i gadw trefn, yn fwy o Gymry na'r Cymry eu hunain; erbyn amser Elisabeth neu gynt yr oedd yr hen ddiwylliant Cymraeg wedi eu llyncu 'n llwyr, a Salesbury a Midleton, Stradling a Burkinshaw, Puleston a

eggs and butter and to buy the wares of "chepe," produced in England and elsewhere. We may suppose that, gradually, as the old hostility subsided, the Welsh came to be more and more closely associated with the townsmen, and became acquainted with the resources of the outside world and the luxuries of foreign lands. In time, some of the Welsh "uchelwyr," the aristocrats, even rose to be constables of the castles, and to hold other important offices under the king; the social life of England, with its modernity, its "progress," and its largeness was slowly beginning to flow over the more primitive life of Wales. This had a far greater effect on the "uchelwyr" than on the people who tilled the land, but, for some reason, the result was not what we should expect. Under less favourable conditions, the Romans had succeeded in romanising and latinising the whole land of Gaul and Spain, and, with more time, they would have done the same in Britain; but the Englishmen of the boroughs failed to anglicise the Welsh—on the contrary, they fared in Wales as in Ireland. The descendants of the English who had come to Wales to keep it in order became more Welsh than the Welsh themselves; by the time of Elizabeth or earlier, the old Welsh culture had completely absorbed them; Salesbury and Midleton, Stradling and Burkinshaw, Puleston and Thelwall, were inordinately proud of their Welsh blood and

Thelwal, yn falch anghyffredin o'u gwaed Cymreig ac o'u hiaith a'u diwylliant Cymraeg. Un o'r arwyddion cyntaf o'r cymreigiad graddol hwn ar seisnigeiddrwydd Cymru oedd prydyddiaeth Dafydd ap Gwilym.

Heblaw'r trefydd Normanaidd fel Caernarfon a Chonwy, lle yr âi 'r Cymry swil a di-Saesneg i fargeinio â'r Saeson ar ddydd marchnad, yr oedd cyrchfan arall a oedd yn llawer pwysicach iddynt hwy, sef yr eglwysi. Yma yr oedd y Cymro yn ei dŷ ei hun, am na ddaethai dim newid ar ei grefydd fel ar ei lywodraeth, er bod llawer o'r esgobion a'r abadau 'n Normaniaid a Saeson. Mae'n debyg bod llan fel Bangor Fawr yn Arfon, canolfan eglwysig yn llawn o fynaich a mynachesau a brodyr, yn fan cyfarfod pwysig ym mywyd y cyfnod; yma y claddesid yr hen dywysogion a'u plant, ac yma o leiaf gallai pob Cymro deimlo'n gartrefol, am nad oedd Bangor yn dref freiniol, er bod cryn bentref wedi codi o amgylch eglwys Deiniol. Ym mlynyddoedd canol y ganrif cynhyrfwyd bywyd tawel Cymry Arfon gan dri digwyddiad, gan dri ymweliad o'r byd oddi allan; ac o amgylch Bangor a'i hen eglwys yr oedd cysylltiadau'r tri.

Y cyntaf ohonynt oedd chwarae newydd o Loegr, rhyw fath o ddawns morys, gyda cheffyl pren—yr hobi hors—yn prancio ac yn carlamu drwy ganol y dyrfa: gallwch ddychmygu pobl

of their Welsh language and culture. Davydd ap Gwilym's poetry is one of the earliest indications of this process of absorption.

Beside the Norman boroughs, such as Caernarvon and Conway, where the shy monoglot Welshmen went to buy and sell from the English, there were other places of assembly which played a much more important part in their lives, namely, the churches and the "kirk-towns." Here the Welshman was at home in his own house of God, because his religion, unlike his government, had suffered no change, though many of the bishops and abbots were Norman and English. It is likely that a "kirk-town" like Bangor in Arvon, an ecclesiastical centre with a host of monks and friars and nuns, was important as a meeting-place in the social life of the period. Here had been buried the old princes and their children, and here, at least, every Welshman could feel at his ease, since Bangor was not a chartered borough, though a considerable village had grown round St. Deiniol's Church. In the middle years of the century, the uneventful life of the Welshmen of Arvon was disturbed by three novel visitations from the outside world, all of them connected with the ancient cathedral of Bangor.

The first was a kind of morris dance, which had come from England, a merry performance with a wooden horse, the "hobby-horse", prancing and curvetting through the crowd. The simple

syml y wlad nad oedd ganddynt ond ychydig adloniant yn eu seibiant prin yn heigio tua'r llan ac yn uchel eu chwerthin wrth weled campau'r chwaraewyr hyn o Loegr. Prin yr oedd y sôn am y gwŷr digrif hyn wedi tawelu pan ddaeth cyffro arall am yr ail ryfeddod, rhyw arch Noe aruthrol fawr a oedd newydd ddyfod o Loegr i Eglwys Deiniol; allan o'r bocs anferth hwn gellid cael pob math o fiwsig, sŵn y delyn a sŵn y bib a'r crwth a phob offeryn cerdd dant a gwynt y gwyddai'r Cymry amdanynt. A dyma bawb eto yn tyrru i'r eglwys i glywed rhyfeddod yr organ newydd yn canu cyfeiliant i'r salmau a'r hymnau, a phob un yn rhoi ei geiniog yn y casgliad i dalu amdano.

> Pawb o'i goffr a roe offrwm
> O'r plwyf er a ganai 'r plwm,

medd Gruffudd Grug, y bardd o Wynedd sydd wedi rhoi 'r hanes inni. Ac yn y gynulleidfa a oedd yn rhythu clust a llygad yn yr eglwys yr oedd gŵr dieithr o rywle yn y De, pencerdd ieuanc wedi dyfod ar ei daith i Wynedd. Ei enw oedd Dafydd ap Gwilym—Dafydd fab Gwilym Gam.

Ni wrandawodd Dafydd yn astud iawn ar yr organ, oherwydd yn y gynulleidfa gwelodd

> Y ferch dan yr aur llathrloyw
> Fain ddigabl cron barabl croyw, ...

a theimlodd ef ei hunan yn llawn o'i chariad, fel pe bai gwayffon â saith min wedi trywanu ei galon.

countrymen who came in crowds to Bangor and other places had few excitements in their own life, and you may imagine with what delight and wonder they saw these English entertainers. And they had hardly stopped talking about the merrymen when the second novelty burst upon them, which was nothing less than a monstrous Noah's Ark, newly arrived from England, and now housed in St. Deiniol's Church; out of this vast box you could get all manner of music and the sound of all the instruments known to the Welsh—harp and pipe and crwth. Everyone crowded into the cathedral to listen to the wonderful new organ accompanying the psalms and hymns, and "every man in the congregation gave an offering from his hoard as payment for that sound of leaden pipes" says Gruffudd Grug, the bard of Gwynedd who has given us the story. Among that gaping crowd in the church was a stranger from somewhere in South Wales, a young "pencerdd"—a master-poet—travelling in Gwynedd. His name was Davydd ap Gwilym, Davydd the son of Gwilym Gam.

Davydd did not pay much heed to the organ, because in the congregation he espied

> the maid under her crown of shimmering gold;
> slender and flawless she was, with clear and rounded voice...

and he at once felt himself full of her love, as if (he says) a seven-edged spear had pierced his heart. He sang a "Cywydd," not so much of the

Canodd gywydd, nid yn gymaint am y ferch ei hunan, ond am ddull a dwyster yr archoll a wnaethai ei chariad ynddo. Ni wyddom a ganasai ef gywyddau o flaen hyn, ond gwyddom mai drwy'r gyfres o gywyddau serch a ganodd i Forfudd o Wynedd y daeth pencerdd y Deheudir—"Eos Dyfed" a "Bardd Glan Teifi wen"—yn enwog trwy Gymru. Ei gywyddau serch ef, medd ei gyfoeswr a'i gyfaill Gruffudd Grug o Fôn, oedd y trydydd o'r rhyfeddodau ym Mangor. Aethant yn fwy poblogaidd na hyd yn oed yr hobi hors, a thyrrai mwy o bobl i wrando arnynt na hyd yn oed ar yr organ newydd. Medd Dafydd ei hun:

> Ni bu ag hwynt pwynt apêl
> Un organ mor annirgel, . . .
> Hëais, mal orehïan,
> Ei chlod yng Ngwynedd achlân;
> Hydwf y mae'n ehedeg
> Had tew, llyna hëad teg,

a phawb yn pwyntio ato ac yn gofyn pwy ydoedd,

> Pybyr fu pawb ar fy ôl
> A'u "Pwy oedd?" ym mhob heol.

Erbyn hyn, mae ei henw hi ym mhob cân fel "Amen" mewn gweddi. Am Ddafydd ei hunan, y mae fel y gog: ni all hi ganu ond deunod ei henw —hi a'i "chwcw" ac yntau a'i "Forfudd."

Cynhyrfodd hyn dipyn ar feirdd Gwynedd, hen gartref y traddodiad barddonol; nid oeddynt yn

maid herself as of the deep and painful wound which the love of her had caused him. We do not know whether he had made "cywyddau" before this, but we know that it was through the series of cywyddau which he made to Morvudd of Gwynedd that the pencerdd of South Wales—"the nightingale of Dyved," "the bard of fair Teivi bank" became famous throughout Wales. His love-songs, says his friend and contemporary Gruffudd Grug—Griffith the Stammerer—of Anglesey, was the third wonder that came to Bangor. They became more popular than even the hobby-horse, and greater crowds came to listen to them than to the new organ. Davydd himself says of his songs:

> Never was organ so public
> as they, with their appealing music.
> Like a singing mountebank, I sowed
> her praise the length and breadth of Gwynedd;
> with mighty growth it spreads apace,
> that thick seed,—that was a goodly sowing!

Everyone points a finger at him and asks who he is:

> Vigorously they pressed to follow me,
> with their "Who was he?" in every street ...

Now her name graces every song, like "Amen" in a prayer. As to Davydd himself, he is like the cuckoo; that bird can only sing the two notes of his own name, so Davydd can only sing the one theme—Morvudd.

All this caused some commotion among the

fodlon gweled dyn dieithr yn dyfod i'w canol ac
yn canu math newydd o gerdd a oedd yn gyrru eu
cerddi hwy i'r cysgod, a gwnaeth un ohonynt,
Gruffudd Grug, gywydd yn gwneud hwyl am ben
gormodiaith Dafydd wrth ddisgrifio ei ofidiau
serch. Dechreuodd hynny "Ymryson" diddorol
iawn rhwng Dafydd a Gruffudd, lle'r edliwia
Dafydd bod Gruffudd wedi dwyn ei ddefnydd ef,
sef ei ddull ef o ganu cywydd, ac nid oes gan
Ruffudd ddim ateb i hynny. Yr oedd Ymrysonau
rhwng beirdd yn gyffredin ym mhob oes yng
Nghymru, a'u pwysigrwydd yw mai hwy oedd yr
unig Feirniadaeth Lenyddol yn yr hen amser tu
allan i Ramadeg y beirdd. "Awen Gelwyddog"
oedd gan Ddafydd, medd Gruffudd Grug, am ei
fod yn canu clodydd Morfudd mewn gormodiaith
eithafol, yn lle canu yn ôl yr "Awen Wir," sef am
ffeithiau hanes ac am ddysgeidiaeth yr Eglwys.
Y mae chwe chan mlynedd er amser y ddadl hon;
ond bu beirdd hen ffasiwn fel Gruffudd Grug yn
ei dadlau yn erbyn y beirdd ieuainc ym mhob
cyfnod yn hanes Cymru. Yn 1902 daeth canu
newydd arall o Fangor, nid o Eglwys Deiniol y
tro hwn, ond o Eisteddfod Genedlaethol ar gae'r
eglwys, pan enillodd Gwynn Jones y gadair am ei
awdl, *Ymadawiad Arthur*, ac fe ddywedai hen
feirdd yr eisteddfod yr un pethau 'n hollol am yr
awdl hon ag a ddywedai Gruffudd Grug am
waith Ddafydd ap Gwilym.

bards of Gwynedd, the ancestral home of the traditional poetry. They were unwilling to see a stranger coming among them with a new kind of song that eclipsed their own, and one of them, Gruffudd Grug, wrote a cywydd satirizing Davydd's hyperbolical account of the sorrows of love. This started an interesting "Ymryson"—contention—between Davydd and Gruffudd, in which Davydd charges Gruffudd with stealing his material, that is to say, his manner of composing cywyddau, and Gruffudd has no answer to the charge. "Contentions" between bards are a well-known feature in the literature of Wales; they are important inasmuch as they were, with the exception of the Bards' Grammar, the only form of literary criticism in the old period. Davydd's was the "Lying Muse," says Gruffudd, because he used excessive hyperbole to sing Morvudd's praise; he should follow the "True Muse," that is, he should sing of the facts of history and the teaching of the Church. Six hundred years have passed since that dispute, but in every period of our literary history old-fashioned poets have used this argument against younger innovators. In 1902, Bangor produced another new song,—this time, not from St. Deiniol's Cathedral, but from the National Eisteddfod held on the old Cathedral field, when Gwynn Jones won the chair for his ode, *The Passing of Arthur*; the old eisteddfod bards made exactly the same

Ni wyddom pwy oedd Morfudd, a myn rhai mai enw cyffredinol ar lawer o ferched ydoedd. Yn anffodus, mae bron yn sicr fod llawer o feirdd eraill yng nghyfnod Dafydd yn ei efelychu, a chanu cywyddau i Forfudd, ac y mae rhai o'r rheini erbyn heddiw wedi eu rhoi ar ei enw ef. Dywed Dafydd ei hunan am y glêr, sef y beirdd crwydrol:

> Perais, o iawngais angerdd,
> Prydu a chanu ei cherdd
> I'r glêr hyd eithaf Ceri,
> Eira mân hoen, er ei mwyn hi.
> Ymddiried im a ddaroedd
> Er hyn oll, fy rhiain oedd.

Dau beth yn unig a allwn fod yn sicr ohonynt—yn gyntaf, nad merch Ifor Hael ydoedd, oherwydd gwyddom erbyn hyn mai Iolo Morganwg a wnaeth y stori honno; ac yn ail, mai rhyw ferch arbennig o gig a gwaed oedd y Forfudd y canodd Dafydd iddi gyntaf, oherwydd nid yw'n arfer gan ddynion syrthio mewn cariad â haniaethau disylwedd, na chan y beirdd ganu eu serch iddynt. Yr hen George Borrow a gychwynnodd y syniad mai smalio yr oedd Dafydd yn ei gywyddau serch, am fod pobl oes Borrow yn ystyried ei bod yn fwy parchus i ddyn gymryd arno garu merch na'i charu mewn gwirionedd, yn enwedig os oedd yn dueddol i garu mwy nag un. A thebyg i Dafydd ganu i amryw ferched dan yr un enwau, Morfudd a Dyddgu.

comments on this ode as Gruffudd Grug on Davydd's cywyddau.

We do not know who Morvudd was, and some will have it that it was a conventional name for many women. Unfortunately, it is almost certain that many other poets of the period imitated Davydd, and made cywyddau to Morvudd, and some of these have been attributed to him. Davydd himself says of "Y Glêr," the wandering bards:

>   With the urgency of my true singing
>   I caused the wandering bards
>   To make songs to her and sing them as far as Ceri,—
>   It was for her sake, my snow-drift lady.
>   It was in me that she placed her trust
>   In spite of all this, mine she was.

We can be sure of only two things—first, that she was not the daughter of Ivor Hael, because we now know that it was Iolo Morganwg who fabricated that story; and secondly, that it was to a woman of flesh and blood that he first sang, because men are not accustomed to fall in love with unsubstantial abstractions, nor do the poets make songs to such abstractions. It was old George Borrow who first had the notion that Davydd's love-songs were only a jest, because in Borrow's time people thought it was more respectable to pretend to be in love than to love in reality, especially if a man were inclined to love more than one. And it is likely that Davydd made songs to many women under the names of Morvudd and Dyddgu.

§2

PWY, felly, oedd y Dafydd ap Gwilym hwn a wnaeth gymaint o sôn amdano'i hunan ac am Forfudd tua 1350, a phaham yr oedd ei ganu'n creu cymaint o gyffro? Pe gallem ateb y cwestiynau hyn yn llawn, buasem yn gwybod rhywbeth am un o bynciau mwyaf dyrys llên Cymru, sef cyfodiad y farddoniaeth newydd yng nghanol y bedwaredd ganrif ar ddeg. Ond y cwbl a allwn yw hel rhywfaint o ffeithiau o waith Dafydd ei hunan; a chyn gallu gwneuthur hyd yn oed hynny, rhaid yn gyntaf benderfynu pa rai o'r cywyddau sy'n waith iddo. Yn ail, gallwn gael ychydig ffeithiau diamheuol o ymchwiliadau ysgolheigion sydd wedi bod yn llafurio wrth gofnodion hanes ei gyfnod; ac yn drydydd, rhaid inni wneuthur y gorau a allom o'r hyn a ddywedir a'r hyn na ddywedir gan feirdd eraill a chan y gramadegwyr.

I ddechrau, mae pob ysgolhaig erbyn hyn yn cytuno nad oes dim sail i'r hanesion rhamantus a geir amdano yn yr *Iolo MSS.* (tt. 92-4), nac ychwaith i'r englynion y dywedir i Rys Meigen a Hopcyn ap Thomas ganu amdano; ffrwyth dychymyg Iolo Morganwg yw'r cwbl, a dygant oll ar yr wyneb nodau awen y gŵr rhyfeddol hwnnw. Cyn belled ag y gallwn farnu, ganwyd Dafydd rywdro rhwng 1320 a 1340; barna 'r

§2

WHO, then, was this Davydd ap Gwilym who, about 1350, made himself and Morvudd so famous, and why did his songs cause such a stir? If we could give a complete answer to these questions, we should know something about one of the greatest mysteries in the history of Welsh literature, namely, the rise of a new poetry in the middle of the fourteenth century. All we can do is to glean a little knowledge from Davydd's own poems, but before we can safely do even that, we must decide which of the cywyddau belong to him. Secondly, we may gather a few certain facts from the researches of scholars into the records of his period; and thirdly, we must make the best we can of what other poets and grammarians say, and what they do not say.

To begin with, all scholars are now agreed that there is no foundation to the romantic tales about him which are found in the *Iolo MSS.* (pp. 92–4), nor are the englynion attributed to Rhys Meigen and Hopcyn ap Thomas regarded as genuine; they have all the marks of being the product of Iolo Morganwg's fertile imagination. As far as we can judge, Davydd was born sometime between 1320 and 1340; Professor Ifor Williams thinks the former date is the more likely, but that appears to

Athro Ifor Williams mai 'r dyddiad cyntaf sydd debycaf o fod yn gywir, ond ymddengys hynny i mi braidd yn gynnar; o leiaf nid oes dim ymhell o'i le yn ein gwaith ni'r flwyddyn hon yn dathlu chweched canmlwyddiant ei eni. Y peth nesaf y gwyddom amdano i sicrwydd yw mai â gwlad Dyfed ac â Glan Teifi y cysylltir ei enw gan feirdd ei gyfnod; Iolo a'i gwnaeth yn fardd Morgannwg, ac nid oes dim sail arall i hynny. Myn traddoddiad (ni wn i pa mor hen ydyw) mai ym Mro Ginin ger Llanbadarn Fawr yng Ngheredigion y ganed ef, a dyfynnir, yn ddigon naturiol, un o'i gywyddau cynnar, y cywydd *I Ferched Llanbadarn*, i gadarnhau hynny. Ond nid yw'r cywydd hwnnw yn dywedyd ei eni yn Llanbadarn; yr unig beth a ellir ei gasglu ohono yw ei fod wedi byw yno rywdro, a'i fod yn methu'n lân cael hwyl ar y merched. Yn wir, ymddengys i mi mai holl awgrym y cywydd ydyw mai dyn dieithr ydyw, dyn yn aros dros dro gyda'i berthnasau, oherwydd yn yr eglwys yn y gwasanaeth y mae'n cael cyfle i wylio merched Llanbadarn, ac i geisio dal eu llygaid; hen arfer dda nad yw wedi marw eto o Gymru pan fydd hogyn dieithr yn mynd i'r capel neu'r eglwys gyda'i gyfeillion. Fel gŵr o Ddyfed y sonia Gruffudd Grug amdano, wrth edliw iddo na all ef chwarae'r un tric "Broch yng Nghod" ag a chwaraeodd Pwyll Pendefig Dyfed gynt â'i wrthwynebydd, yn y *Mabinogion*.

me rather too early; at least, it is not inappropriate that we should, in the present year, celebrate the sixth centenary of his birth. The next certain fact that we know is that Dyved and the Teivi countryside are associated with his name by his contemporaries. It was Iolo who made him the "bard of Glamorgan," and there is no other reason for giving him that title. Tradition, of uncertain antiquity, has it that he was born at Bro Ginin near Llanbadarn Vawr in Cardiganshire, and his early cywyddau, including that to the "Women of Llanbadarn," are, naturally enough, quoted in favour of the tradition. But that cywydd does not state that he was born in Llanbadarn; all we can gather from it is that he had been staying there at some time, and that he could not win the favours of the Llanbadarn women. Indeed, it seems to me that the whole suggestion of this cywydd is that he is a stranger at Llanbadarn, staying for a time with relations, because it is in church that he has an opportunity of viewing the women and catching their eye; a good old custom still surviving in Wales, whenever a strange lad goes to church or chapel with his friends. Gruffudd Grug refers to him as a man from Dyved, when he taunts him with his inability to play the old Dyved trick of "Badger in the Bag," to which Pwyll in the *Mabinogion* treated his adversary.

Records tell us that Davydd's uncle, Llywelyn

Gwyddom oddi wrth amryw gofnodion fod ewythr Dafydd, sef Llywelyn ap Gwilym, yn byw yn Emlyn ac yn swyddog pwysig yn y castell dan y barwn Gilbert Talbot yn 1343, ac yn byw, medd Lewis Dwn yr achydd, yn y Cryngae yn Sir Gaerfyrddin. Os na anwyd Dafydd yn nhŷ ei ewythr, yno yr oedd ei gartref pan oedd yn ieuanc, ac yno, efallai, y canodd ei awdlau a'i gywyddau cynharaf; o leiaf canodd ddigon i ferched ei fro ei hunan i Iolo Goch ei alw yn "hebog merched Deheubarth." Uchelwr o waed ydoedd felly, yn perthyn i'r teuluoedd llywodraethol a gododd yng Nghymru yng ngwasanaeth Lloegr ar ôl 1282. O fro Deifi troes i grwydro drwy Gymru o fan i fan, fel y mae digon o brofion yn ei waith. Sonia am bob rhan o'r wlad, o Rosyr yng ngorllewin Môn i Forgannwg, a gyrr lateion mynych o'r naill gwr i'r llall. Beth bynnag oedd hanes Dafydd fel bardd, rhaid inni gydnabod yn gyntaf mai bardd crwydrol ydoedd gan mwyaf.

O'r arglwyddi a'r gwŷr mawr a oedd yn gyfeillion iddo, y pennaf oedd Ifor Hael, a gwnaeth Dafydd ef yn enwog drwy ganu ei glod. Un o Ddyfed oedd tad Ifor Hael, a'i fam Angharad yn ferch i Forgan ap Maredudd, arglwydd Tredegyr, yn Sir Fynwy. Yn ymyl Tredegyr mae Masaleg, lle yr oedd Ifor yn byw, a dyrysir ni rywfaint gan y ffaith fod Masaleg arall yn ymyl Llanbadarn Fawr, lle yr oedd rhai o deulu Dafydd yn byw, a

ap Gwilym, lived in Emlyn, and was a high officer in the castle under Gilbert, Baron Talbot, in 1343. He lived, says the herald Lewis Dwn, in Cryngae in Carmarthenshire. Even if Davydd was not born in his uncle's house, it was there that he made his home in his youth, and perhaps composed his earlier odes and cywyddau; at least he sang so much to the women of his own district that Iolo Goch calls him "the hawk of the women of South Wales." He was an "uchelwr," an aristocrat, by blood, a member of one of the governing families which, after 1282, rose into prominence in the service of the English king. From the land of Teivi he wandered throughout the length and breadth of Wales, from Newborough in the west of Anglesey to Glamorgan, and in his poems he sends many love-messengers from one district to another. Whatever Davydd's history as a poet was, we must first of all remember that he was, chiefly, a wandering bard.

Of the great lords who were his friends, the chief was Ivor Hael, whom Davydd made famous by singing his praises. Ivor Hael's father was a man of Dyved, and his mother, Angharad, was a daughter of Morgan ap Meredith, lord of Tredegar in Monmouthshire. Near Tredegar is Bassaleg (Masaleg), where Ivor lived, and the matter is somewhat complicated by the fact that there was another Masaleg near Llanbadarn Vawr, where dwelt some of Davydd's family. As there is also a river Saleg in

chan fod yno hefyd afon Saleg, fe all mai yng Ngheredigion y mae'r Masaleg gwreiddiol (ffurfiad o *Saleg* gyda'r enw *Ma-* fel yn *Ma-chynllaith*), a bod cysylltiad rhwng teulu Ifor a Llanbadarn, ac i rai ohonynt alw'r cartref newydd ym Mynwy ar enw yr hen gartref yng Ngheredigion; ond dyfaliad yw hyn oll, ac nid yw yn bwysig efallai yn hanes y bardd. Rhaid sylwi nad bardd i Ifor Hael oedd Dafydd yn y modd yr oedd cywyddwyr y bymthegfed ganrif yn feirdd i wahanol bendefigion; cyfaill ydoedd i Ifor, ac fel cyfaill yn sôn am gyfaill hael a charedig y mae'n canu iddo, ac nid fel bardd cyflog yn sôn am ei arglwydd; nid oes ganddo gymaint ag un "cywydd moliant" i Ifor Hael o'r patrwm cyffredin y canai beirdd fel Guto'r Glyn neu Dudur Aled gywyddau moliant arno i'w noddwyr.

§3

"BARDD CRWYDROL." Yn y geiriau hyn y mae'n gorwedd holl gyfrinach a dyryswch hanes Dafydd ap Gwilym. Gwyddom gryn lawer am arferion y beirdd yn yr oes o'i flaen, a gwyddom fwy na hynny amdanynt yn y cyfnodau ar ei ôl, ond y

that parish, it is possible that the original Masaleg was in Cardigan (a name formed from the noun *Ma-* and *Saleg,* as *Machynlleth* from *Ma-* and *Cynllaith*), that there was some connection between Ivor's family and Llanbadarn, and that some of them called their new home in Monmouthshire by the name of the old home in Cardigan; but all this is conjecture, and is not important in the story of Davydd ap Gwilym. It should be noticed that Davydd was not Ivor Hael's bard in the manner that the cywyddwyr of the fifteenth century were attached to various patrons; he was rather Ivor's friend, and it is as a friend, speaking of a kind and generous friend, that he sings his praises, and not as a hired minstrel celebrating his lord. He has not left a single cywydd to Ivor Hael on the conventional pattern followed, for instance, by Guto 'r Glyn or Tudur Aled, when they sang of their patrons.

§3

"A WANDERING BARD." These words contain the secret and mystery of Davydd's history. We know a good deal of the manners and customs of the bards in the preceding period, and even more of those of the succeeding periods, but it is

mae'n rhyfedd mor ychydig a wyddom am ffordd Dafydd ei hun. Beth oedd ei amcan wrth grwydro, pa angerdd oedd yn ei yrru ar ei deithiau?

Wrth geisio ateb y cwestiynau hyn, dylem alw i gof sut yr oedd pethau yng ngwladwriaeth a chymdeithas Cymru yn yr oes honno. Cyn 1282, pan laddwyd Llywelyn ap Gruffudd, a phan ddaeth pen ar dywysogaeth annibynnol Cymru, yr oedd dau fath o feirdd yn swyddogion yn llys y Tywysog—y Pencerdd a oedd (ag arfer term o'n gwleidyddiaeth ni) yn aelod o gabinet y tywysog, a'r Bardd Teulu. Dyletswydd y pencerdd oedd canu moliant ei arglwydd a chroniclo ei wrhydri ar gân; nid oedd ganddo ef hawl i ymyrryd ag unrhyw ganu arall. "Os disgyn ei lygad ar ferch, prydyddu wnaiff ef iddi hi," meddai Ceiriog am y bardd, ond nid gwir hyn am y pencerdd; os oedd yn teimlo ei awen yn ei gynhyrfu i ganu ei gariad at ferch neu at natur, rhaid oedd iddo wneud hynny yn breifat a chyfrinachol, ac nid oedd ganddo ddim siawns i "gyhoeddi" a chadw prydyddiaeth o'r fath. Mewn geiriau eraill, cymdeithasol ac nid personol oedd prydyddiaeth y pencerdd, addurn ydoedd ar fywyd y llys ac nid dehongliad ar ei fywyd ef ei hun fel dyn unigol. Ni chai ychwaith ganu yn y mesurau telynegol a oedd beunydd, fel mewn pob llên fyw, yn ymddatblygu ym marddoniaeth

remarkable how little we know of Davydd's manner of life. Why did he "wander"; what urge sent him on his travels?

In attempting to answer these questions, we must call to mind the political and social conditions in Wales at that time. Before 1282, when Llywelyn ap Gruffudd was slain and when the independent principality of Wales came to an end, there were two classes of bards who were officers of the Prince's Court—the *Pencerdd* (Chief of Song, Master-bard) who was (to borrow a modern term) a member of the Prince's Cabinet, and the *Bardd Teulu* (the Household Bard). The Pencerdd's duty was to celebrate his lord's praises and to chronicle his prowess; he had no right to concern himself with any other kind of song. "If his eye falls on a maid, he will sing of her," says Ceiriog of the poet, but this was not true of the Pencerdd; if he felt himself inspired to sing of his love of woman or nature, he had to do so privately and secretly, and there was no likelihood of his being able to "publish" and preserve such poetry. In other words, the Pencerdd's poetry was social, not personal; it was an ornament on the life of the court, and not an interpretation of the poet's own life as an individual. He could not sing in the lyrical metres which, as in every living literature, grew and developed in the popular poetry; he had to confine himself to the traditional metres, the old

boblogaidd y genedl; rhaid oedd iddo ymgadw at y mesurau traddodiadol, yr hen awdlau arwraidd y cenid moliant yr arglwyddi ynddynt. Mae'n debyg i lawer o'r penceirddiaid ganu ar faterion personol i foddio eu gofynion dyfnaf eu hunain; os gwnaethant, nid oes dim o hynny ar gael. Efallai fod telynegion Hywel ab Owain Gwynedd, a fu farw yn 1170, yn esiamplau o'r canu personol cuddiedig hwn; tywysog o waed oedd ef ac nid pencerdd, ac felly nid oedd rheolau pencerdd y llys yn cyfyngu dim arno ef. Ni wyddom lawn cymaint am y Bardd Teulu; ymddengys y perthynai hwn i'r Teulu, fel y perthynai'r Pencerdd i'r Tywysog; y Teulu oedd y rhyfelwyr pendefigaidd a oedd yn osgordd i'r tywysog. Cai ef ganu cerddi i ddiddanu cymdeithas y llys, yn enwedig y rhianedd, a chai ryddid i ganu yn y mesurau telynegol syml a newydd. Mae'n debyg mai drwyddo ef y deuai'r dylanwadau llenyddol newydd i sylw y wlad, a thrueni na chadwyd hyd y gwyddom gymaint â llinell o waith yr un Bardd Teulu yn yr hen gyfnod pan oedd Cymru'n annibynnol. Fel yn Iwerddon, tueddai dulliau y Bardd Teulu i ymwthio i fyd y Pencerdd; yr ysgogiad bywiol yn hen lenyddiaeth y gwledydd Celtaidd yw bod graddau cymdeithasol isaf y beirdd yn tueddu i ymgodi i'r graddau uchaf, a bod syniadau newyddion am brydyddiaeth a

heroic odes in which the chieftains were celebrated. It is likely that many of the Penceirddiaid sang of their personal concerns, in obedience to an urge of their own; if they did, no such poetry has been preserved. Perhaps the lyrical poems of Hywel ab Owain Gwynedd, who died in 1170, are examples of this hidden personal poetry: he was a prince of the royal blood and not a pencerdd, and so he was not restricted by the pencerdd's rules. We do not know quite as much about the Household Bard; he appears to be attached to the *Teulu*, the House-host, as the Pencerdd was attached to the Prince; the Teulu was composed of the high-born warriors who formed the Prince's retinue. His duty was to make songs to entertain the court, especially the ladies, and he was allowed to use the simpler and newer lyrical measures. It is likely that it was through him that the country was influenced by new literary movements, but it is to be regretted that nothing of the Bardd Teulu's new poetry, in the period when Wales was independent, has, to our knowledge, been preserved. As in Ireland, the Bardd Teulu's modes tended to intrude into the Pencerdd's world; the vital impetus in the ancient literatures of the Celtic peoples was provided by the tendency of the lower grade of poetry to push upwards into the higher grades, and new ideas about the matter, metres, and modes of poetry were always coming from below up to

mesurau a moddau newyddion yn ymwthio 'n barhaus i fyny o'r gwaelod. Erbyn amser Dafydd ap Gwilym yr oedd Penceirddiaid fel Gruffudd ap Maredudd yn canu ar rai o fesurau a thestunau'r Beirdd Teulu gynt. Ar yr un pryd, yr oedd haen newydd arall o fesurau a thestunau yn magu yng ngwaelod y byd prydyddol, yn barod yn eu tro i godi i'r golwg pan âi'r hen haenau uchaf yn denau a threuliedig.

Un achos i'r symud hwn yn hanes y Pencerdd oedd y newid mawr a ddaethai dros wladwriaeth Cymru. Cyn 1282 yr oedd gan bob tywysog ei bencerdd ei hunan, a gwaith y penceirddiaid hyn yn unig sydd yng nghadw yn y llawysgrifau; yr oedd, yn ddiamau, ugeiniau o fân feirdd eraill yn y wlad, ond os oes rhywfaint o'u canu hwy yn rhan o adeiladwaith llên Cymru, eu dylanwad yn unig ar feirdd fel Dafydd ap Gwilym yw hynny. Ar ôl 1282 nid oedd y rhan honno o Gyfraith Hywel a allwn ei galw yn "Foes y Llys" yn aros mewn grym, a chollodd y Pencerdd ei hen swydd. Rhaid oedd iddo 'n awr ddibynnu ar y mân arglwyddi, ac fel yn nhrefn gweinidogion crefydd yn ein hoes ni, yr oedd yn symud yn aml o lys i lys gan ddisgwyl "galwad" i ryw lys gwag lle caffai well lle neu fwy o gyfle. Yn naturiol, felly, llaciwyd yr hen reolau a oedd yn rhwymo'r

the surface of the social life. By Davydd ap Gwilym's time, some of the Penceirddiaid such as Gruffudd ap Maredudd sang in some of the metres and on some of the themes of the older Household Bards. At the same time, a new stratum of metres and subjects was being formed below, to rise to the surface when the original upper strata should become worn and useless.

One of the causes of this shift in the Pencerdd's position was the political change. Before 1282 every prince had his own pencerdd, and it is his poetry, and his alone, that has been preserved in the manuscripts. There were, doubtless, scores of lesser bards, but if any of their work has become a part of the edifice of Welsh song, it is only through its influence on Davydd ap Gwilym and others. After 1282, that portion of the Laws of Hywel the Good which may be called "the Customs of the Court" was no longer in force, and so the Pencerdd lost his ancient office. Now he had to depend on the lesser lords, and as is the manner of ministers of religion in our time, he moved frequently from court to court, expecting a "call" to some better court, where there was no pencerdd and where he would be better paid or where his opportunities would be enhanced. It was, therefore, natural that the old rules that regulated the conduct of the permanent Pencerdd should be relaxed, and his office became one with that of the Bardd Teulu, and was

pencerdd sefydlog, ac aeth swydd y Pencerdd a'r
Bardd teulu 'n un, a'i dal gan fardd a grwydrai o
lys i lys. Fel yna yr oedd pethau pan dechreuodd
Dafydd ganu.

§4

OND yr oedd math arall o fardd
crwydrol heblaw y penceirddiaid, ac un
allwedd i achos Dafydd ap Gwilym a'i
gyfoeswyr yw cofio hynny. Drwy holl
Ewrop, yn Ffrainc a'r Almaen a Lloegr a Chymru,
yr oedd rhyw ddeffro ac ymsymud anghyffredin
yn y canrifoedd hyn ym mhob cylch; geilw rhai
ef yn wawr y Dadeni, ond tuedd rhoi enw arno
yw ein harwain i ddadleuon amherthnasol. Un o
agweddau'r deffro hwn oedd lledaeniad addysg y
Prifysgolion, a chynnydd yn rhif y myfyrwyr yn
paratoi ar gyfer yr offeiriadaeth a'r gyfraith.
Dechreuodd y gwŷr ieuainc hyn efelychu dau
ddosbarth arall yn yr Oesoedd Canol, sef y Brodyr
a grwydrai o fan i fan i gardota, a'r chwaraewyr
campau, y croesaniaid, y *joculatores* a grwydrai o
ffair i ffair ac o dafarn i dafarn, i ddiddanu eu
gwrandawyr ac i hel bywoliaeth iddynt eu hunain.
Tyfodd y ffasiwn yn aruthr ym mhob gwlad, ac un
o nodweddion arbennig y canrifoedd hyn oedd y
tyrrau o wŷr ieuainc, yn llai difrifol na'r Brodyr

held by a bard that moved from court to court. That was the state of things when Davydd entered on his career.

§4

THERE was, however, another kind of wandering bard beside the pencerdd, and this fact provides one of the clues to the understanding of Davydd's position and that of his contemporaries. Throughout Europe, in France, England, Germany, and Wales, there was an extraordinary awakening in every sphere of life; some regard it as the dawn of the Renaissance, but to give it a name tends to lead us into irrelevancies. One of the phases of this awakening was the expansion of the universities, and the increase in students preparing for the church and the law. These young people began now to imitate two other classes of men in the middle ages—the friars who wandered from place to place to beg or preach, and the players and merrymen, the *joculatores*, who travelled from fair to fair and from tavern to tavern to entertain the crowd and to gain a livelihood. The fashion grew prodigiously in every country, and it was a common sight to see parties of young people, less grave than the friars and more learned than

ac yn fwy dysgedig na'r chwaraewyr, yn symud o
le i le gan ganu caneuon newydd i'w difyrru eu
hunain ac efallai i gael cymorth i fyw yn y Brif-
ysgol. Yr enw ar yr ysgolorion crwydrol hyn, y
"*wandering scholars*," y *clerici vagantes*, oedd
Y Glêr. Cydnebydd pawb erbyn hyn fod dylan-
wad caneuon y Glêr ar waith Dafydd ap Gwilym,
ond nid ydys yn sicr beth oedd ei berthynas â hwy.
A oedd ef yn un ohonynt ei hunan, ai ynteu
benthyg ei destunau a wnaeth ganddynt hwy?

Beth amser yn ôl darganfu y naill ymchwiliwr ar
ôl y llall fod tebygrwydd trawiadol ym mheth o
waith Dafydd i waith dosbarth arall o feirdd a
oedd yn canu fwy na chanrif o'i flaen yn Ffrainc.
Y rhai cyntaf o'r rhain oedd y Trwbadwriaid yn
canu ym Mhrofens yn Ne Ffrainc, yn yr iaith
Brofensal; ar eu hôl daeth y Trwferiaid (*Trouvères*)
yn y Gogledd. Beirdd llys oedd y rhain, bonedd-
igion a marchogion a thywysogion, yn canu serch
a chlod rhianedd, ac ochr yn ochr â'u canu yr oedd
hefyd fath o foes newydd yn ffasiwn drwy'r wlad,
sef yr hyn a elwir yn gyffredinol yn *sifalri*, yn
cyfateb mewn ymarweddiad i'r hyn a honnid yn y
canu. Yr oedd y tebygrwydd yng ngwaith Dafydd
i syniadau a dulliau 'r Trwferiaid mor fawr ac mor
drawiadol fel yr aeth pob ysgolhaig bron i gredu
bod Dafydd wedi dysgu ei gân ym Morgannwg
ymhlith y Normaniaid, lle yr oedd dulliau'r beirdd
Ffrengig yn adnabyddus. Er enghraifft, yr oedd

the players, wandering over the country, amusing themselves by singing new songs and, perhaps, seeking the means to maintain themselves in the universities; these Wandering Scholars, the *Clerici Vagantes*, were called *Y Glêr* in Wales. It is now generally agreed that Davydd's poems were influenced by Y Glêr, but what connection he had with them is not clear. Was he one of them, or did he merely borrow his themes from them?

Some time ago, one researcher after another found that Davydd's cywyddau bore a striking resemblance to the poetry of another class of singers who lived in France more than a century before his time. The earliest of these poets were the Troubadours in the south of France, who sang in the Provençal tongue; after them came the Trouvères in the north. These were courtly poets—gentlemen, knights, and princes—who sang of love and the praise of women; related to their song and side by side with it, there was also a new code of manners, generally called "chivalry"; in the realm of conduct it corresponded to the new song in the realm of literature. The similarity of Davydd's poetry, in substance and manner, to that of the Trouvères and Troubadours was so great that nearly all scholars were led to believe that Davydd had learnt his song in Glamorgan among the Normans, who were well acquainted with the poetry of the Trouvères. For instance, the Trouvères had

gan y Trwferiaid syniadau penodol yn eu cerdd, a mathau arbennig ar delyneg, a cheir bron y cwbl o'r mathau a'r syniadau hyn yng ngwaith Dafydd hefyd. Dyma rai o'r mathau,—y *Serenade*, lle y cwyna'r bardd yn yr oerni tu allan i ffenestr ei gariad, gan ddeisyf ei ollwng i mewn; yr *Aubade*, lle y ffarwelia 'r bardd â'i gariad ar doriad y wawr; y *Pastourelle* yn disgrifio marchog neu fardd urddasol yn cyfarfod â geneth syml yn y wlad, a hithau 'n cael y gorau arno ar ôl dadl. Naturiol iawn, felly, oedd neidio i'r casgliad bod cywyddau Dafydd yn dyfiant Cymraeg ar gyff yr hen ganu Ffrengig, ond y mae dwy ffaith arall, o leiaf, sy'n gwneud esboniad o'r fath yn bur annhebyg; yn gyntaf, mae ar gael swm mawr o ganu yn Lladin sy'n waith i'r *clerici vagantes*, yr ysgolorion crwydrol y soniasom amdanynt, ac y mae tebygrwydd Dafydd iddynt hwy yn llawn cyn agosed ag ydyw i'r Trwferiaid; ac yn ail, yr oedd bron yr holl bethau hyn sy'n gyffredin i Ddafydd ac i'r Trwferiaid i'w cael yng nghanu poblogaidd a gwerinol pob gwlad arall, hynny yw, pob gwlad a oedd yng nghanol llif diwylliant Catholig y Gorllewin. Cymerwch y *Serenade* er enghraifft; dyna hi yn ei chyfanrwydd yn y pennill cyntaf o'r gân werin, *Titrwm Tatrwm,* ar fesur yr hen Awdl Gywydd; neu dyna'r *Pastourelle* drachefn air am air bron yn *Lle 'r wyt ti 'n myned, yr eneth ffein ddu?* neu *Where are you going, my pretty maid?* yn Saesneg. Ac y mae digon o esiamplau eraill.

special ideas of their own, and special kinds of songs which are reproduced in Davydd's poetry. Here are some of those kinds: the *Serenade*, in which the poet complains of the cold as he stands outside his lady's window, and begs her to let him in; the *Aubade*, in which the lover says farewell to his lady at the break of dawn; the *Pastourelle*, which describes the meeting of a knight or a knightly poet and a simple country maid, and her flouting of him in a contest of words. It was easy, therefore, to jump to the conclusion that Davydd's poetry was a branch growing out of the old French stock; but there are at least two other considerations which make this explanation very improbable. First, there exists a large body of Latin poetry attributed to the *Clerici Vagantes*, the wandering scholars mentioned above, and the similarity of Davydd's poetry to theirs is quite as marked as its similarity to that of the Trouvêres; secondly, nearly all the traits that are common to Davydd and the Trouvêres are found in the popular folk-poetry of every country of the Catholic tradition in Western Europe. The *Serenade*, for example, is found in all its essentials in the first verse of the Welsh folk-song *Titrwm Tatrwm*, which is in the old metre of Awdl Gywydd; the *Pastourelle* is found in its entirety in *Lle 'r wyt ti 'n myned, yr eneth ffein ddu?* or in its English form, *Where are you going, my pretty maid?* And there are plenty of other instances.

§5

BETH yw'r esboniad, ynteu, ar y testunau hyn yng nghywyddau Dafydd ap Gwilym? Nid gan y Normaniaid y cafodd hwy, nac ychwaith allan o lyfrau nac yn uniongyrchol o'r un iaith arall; yr hyn a wnaeth Dafydd oedd cymryd canu poblogaidd ei oes, yr hyn a glywid mewn ffair a thafarn gan y glêr grwydrol, a'u gosod yn ei ffrâm ei hun; ac y mae'n debyg mai oddi wrth y Trwbadwriaid y daethai llawer o'r canu hwnnw drwy wahanol sianelau. A beth oedd y ffrâm honno? Y Cywydd, un o fesurau safonol y beirdd a oedd yn is eu gradd na'r penceirddiaid, a chanu'r cywydd syml, poblogaidd, clerwraidd, fel y bydd pencerdd yn canu ar ei orau; gwneud yr hyn a alwn i heddiw yn Benillion Telyn, y caneuon gwerinaidd, yn sylwedd newydd mewn llenyddiaeth. Nid eithriad yw Dafydd ar feirdd gwledydd eraill, nid rhyw ffenomenon yw ei ganu sy'n arbennig i Gymru, ond bardd ydyw allan o dyrfa fawr o rai tebyg yn canu yn Lloegr, yn Ffrainc, yn Ysbaen, yn yr Almaen. Ond y mae arno arbenigrwydd er hynny, ac y mae deall hyn yn hanfodol i wybod beth yw ansawdd ei ddylanwad ar lenyddiaeth Cymru. Yn y gwledydd eraill ysgubodd y Dadeni y rhan fwyaf o'r canu newydd hwn allan o'r llenyddiaeth safonol, ond arhosodd am byth yng Nghymru fel rhan hanfodol o'n

§5

HOW, then, can we explain these themes in Davydd's poetry? He did not borrow them from the Normans or out of books, or directly from any other language. What he did was to take the popular poetry of his period, which was sung in fair and tavern by the wandering minstrels, and set it in a frame-work of his own; it is likely that much of that song was ultimately derived from the Trouvères, through different channels. That frame-work was the *Cywydd*, one of the standard metres of the lower order of bards; he sang this popular stave of *Y Glêr* as a pencerdd might at his best; he made what today we call "folk-poetry" into an essential element of Welsh literature. Davydd must not be regarded as an exception to the poets of other lands; his song is not a phenomenon peculiar to Wales, he is only one out of many others in England, France, Spain, and Germany. Yet, in many respects, he is peerless, and it is essential to realise this before we can understand his influence on Welsh literature. The Renaissance swept away the greater part of this new song out of the standard literatures of other countries, but in Wales it has remained for ever as part of our literary heritage, and Davydd ap Gwilym still sings in the poetry of to-day. We may read a new meaning into Tudur Aled's couplet in his

hetifeddiaeth lenyddol; mae Dafydd yn dal i ganu ym mhrydyddiaeth Cymru heddiw. Gallwn roi ystyr newydd i eiriau Tudur Aled ym *Marwnad Dafydd ab Edmwnd:*

> Mab Gwilym heb gywely,
> Heb iddo frawd ni bydd fry.

—bydd pob bardd a ddaw ar ei ôl yn gymar ac yn frawd i Ddafydd. Bydd canu'r "serch cwrtais" yn para nid yn unig hyd ddiwedd oes y cywydd yn yr ail ganrif ar bymtheg, ond drwy holl gyfnod y beirdd carolaidd, yng nghanu Huw Morys a'i gymrodyr hyd at Alun ar ddechrau'r bedwaredd ganrif ar bymtheg. Emynau Pantycelyn oedd y dylanwad cyntaf yn ei edwiniad, a thelynegion Ceiriog ac Eifion Wyn a'i gorffennodd.

§6

NI wyddom ddim ymhellach am yrfa Dafydd. Bu farw rywdro, fe dybir, cyn chwarter olaf y bedwaredd ganrif ar ddeg, a chladdwyd ef ym mynwent abaty'r Sistersiaid yn Ystrad Fflur yng Ngheredigion, lle gorweddai llu o dywysogion ac arglwyddi. Yr oedd ywen uwchben ei fedd, a chanodd Gruffudd Grug gywydd iddi:

> Yr ywen i oreuwas
> Ger mur Ystrad Fflur a'i phlas,
> Da Duw wrthyd, gwynfyd gwŷdd,
> Dy dyfu yn dŷ Dafydd . . .

Elegy on Davydd ab Edmwnd:
> Not without a peer above in heaven,
> Not without a brother will Ap Gwilym be.

Every poet who follows him will be his peer and brother. The *amour courtois* will remain in our poetry not only to the end of the cywydd period in the seventeenth century, but through all the years of the "carol poets", in the work of Hugh Morris and his fellows down to Alun at the beginning of the nineteenth century. The first factor in its decline was the hymnody of Pantycelyn, and the lyrics of Ceiriog and Eivion Wyn dealt its death-blow.

§6

WE know nothing more of Davydd's career. It is thought that he died before the last quarter of the fourteenth century, and he was buried in the precincts of the Cistercian abbey of Strata Florida, where a host of princes and great lords had found a resting place. Above his grave was a yew-tree, to which Gruffudd Grug sang a cywydd:

> God blest thee, yew-tree by the wall
> Of Ystrad Fflur's grey cloistered hall,
> So that for ever thou remain
> The house of Davydd and his fane.

§7

BU 'n rhaid inni eisoes aros yn hir uwchben amgylchiadau'r byd yr oedd Dafydd yn byw ynddo; rhaid inni 'n awr, cyn myned at ei gywyddau, sôn rhywfaint am yr hyn sydd yn ei wneud yn bwysig yn hanes llenyddiaeth Cymru ar wahân i'w ragoriaeth fel prydydd. Ei bwysigrwydd pennaf ydyw mai ef a dorrodd hen draddodiad barddoniaeth Cymru a barhasai o'r chweched ganrif hyd y bedwaredd ar ddeg. Gallwn ddywedyd yn fras iawn am y farddoniaeth honno mai ei dwy nodwedd oedd bod ei thestunau yn gyfyng, a'i hiaith yn hynafol. Moliant yn unig bron a chanu duwiol oedd ei maes, ac yr oedd yn anarferol o gyndyn yn erbyn dim newydd-deb mewn na thestun nac arddull na mynegiant. Mae'n wir bod rhai a oedd bron yn gyfoes â Dafydd, beirdd fel Gruffudd ap Maredudd a Gruffudd ap Dafydd, yn dangos llawer o newydd-deb mewn arddull a mynegiant, ond prin y mae ganddynt ddim yn eu hawdlau y gellir dywedyd amdano ei fod yn rhagfynegi Dafydd ap Gwilym. Canodd Dafydd ar lawer nodyn newydd nad oedd yn nhelyn yr hen feirdd—serch personol, natur, a digwyddiadau cyffredin ym mywyd dyn, ac ni chanodd ond ychydig iawn ar destunau 'r rhai o'i flaen. Llawn mor bwysig â'r cynnwys newydd a roes mewn barddoniaeth ydyw'r iaith newydd sydd

§7

WE have already spent a long time over the background of Davydd's life, and now, before proceeding to consider his cywyddau, we must show what, apart from his excellence as a poet, makes him important in the history of Welsh literature. His greatest importance lies in the fact that it was he who broke down the old tradition of poetry in Wales which had lasted from the sixth century down to the fourteenth. We may say, without going into details, that the two characteristics of that ancient poetry were, that its themes were restricted and that its language was archaic. It was almost altogether limited to songs in praise of heroes and chieftains, and to "godly poetry," and it was extremely intolerant of innovation in style or expression. It is true that some bards, almost contemporary with Davydd, such as Gruffudd ap Maredudd and Gruffudd ap Davydd, have many innovations both of style and expression, but there is hardly anything in their odes which may be said to anticipate Davydd's poetry. He played on many strings not found in the old bards' lyre—personal love, nature, and the common events of man's life, and we find few themes in his work which were characteristic of his predecessors. Quite as important as the new substance of his poetry is the new

ganddo yn ei gywyddau—Cymraeg di-rodres ymddiddan y diwylliedig, Cymraeg a oedd yn ei ddydd yn hollol fodern heb yr un gystrawen hynafol na'r un gair esoterig tywyll. I'r hen feirdd yr oedd Cerdd Dafod yn gyfrinach, ond gwnaeth Dafydd anrheg ohoni i'r werin. Gwir i'r beirdd ar ei ôl ef wneuthur cywydd Dafydd drachefn yn gyfrinach i'r beirdd, ond adwaith oedd hynny yn erbyn popeth sy'n cyfrif yn ei waith ef. Dafydd, felly, yw tad a lluniwr yr iaith Gymraeg fel y ceir hi heddiw mewn llenyddiaeth, fel y dywedir bod ei gyfoeswr Chaucer yn dad i Saesneg heddiw; ond y mae Cymraeg Dafydd yn llawer iawn nes i'n Cymraeg ni nag yw Saesneg Chaucer i iaith ein cyfoeswyr yn Lloegr. Er mwyn dangos mor syml y gall fod, dyma rai llinellau o'r *Cywydd i'r Lleian:*

> Ai gwir, y ferch a garaf,
> Na chery fedw hoywfedw haf,
> Ac na thewy 'n y tŷ tau,
> Wythliw sêr, â'th laswyrau?
> Crefyddes o santes wyd,
> Caredig i'r côr ydwyd.
> Er Duw paid â'r bara a'r dŵr
> A bwrw ar gasau'r berwr;
> Paid, er Mair, â'r pader main
> A chrefydd myneich Rhufain.
> Na fydd leian y gwanwyn,
> Gwaeth yw lleianaeth na llwyn.
> Gwarant modrwy a mantell
> A gwyrdd wisg a urddai well.

language which he uses—the unaffected Welsh of a cultured man's conversation, a language that, in his day, was quite modern and in which there was no archaic syntax or obscure esoteric vocabulary. To the older poets, the art of poetry was a mystery, but Davydd made a gift of it to the common people. It is true that his successors made a new mystery of Davydd's cywydd, but that was a reaction against everything that is significant in his work. Davydd is, therefore, the father and moulder of the Welsh language as it is used to-day in literature, as his contemporary Chaucer is said to be the father of modern English, except that Davydd's language is much nearer to our own than Chaucer's to that of modern England. As an example of his simpler style, consider the lines opposite, from the *Cywydd i'r Lleian*—the "Cywydd to a Nun," which may be freely rendered as follows:

> My lady's heart delights not, men relate,
> In birch-tree groves in glorious summer state;
>   Mew'd in her cell, her prayers she doth chant
> And paternosters oft re-iterate.
>
> A zealot art thou and a saint, God wot,
> A holy love, alas! thy lonely lot.
>   Eschew, for Mary's sake, thy hungry cult,
> The lenten cress-and-water touch thou not.
>
> Come to the woods and leave the holy lore
> Of Romish monks,—and why should'st thou adore
>   Their idols?—now that God has sent the spring,
> A worthier cult, be thou a nun no more.

Dy grefydd, deg oreuferch,
Y sy wrthwyneb i serch.
Dyred i'r fedw gadeiriog
I grefydd y gwŷdd a'r gog,
Ac yno ni ogenir
In ennill nef 'n y llwyn ir.

§8

EI bwysigrwydd arall yw mai ef yw "tad y cywydd." Mewn cysylltiad â'r cywydd y cofir ef gan y beirdd ar ei ôl—"Dafydd gywydd gwin." Meddai Gruffudd Grug:

Hoff oedd yng Ngwynedd, meddynt,
Yn newydd ei gywydd gynt.

Cytunir bellach nad Dafydd a ddyfeisiodd ffurf y cywydd, ond cytunir hefyd mai ei athrylith ef a luniodd y cywydd fel y mae heddiw. O flaen ei amser ef un o fesurau'r Bardd Teulu oedd y cywydd, ac ni chenid ef gan Bencerdd am ei fod yn rhy hawdd; gan hynny ni cheir cymaint ag un cywydd yn yr awdlau o'i flaen, ac yn wir ni cheir ef yn awdlau Dafydd ei hun. Yn ei hen ffurf, mesur di-gynghanedd oedd; hynny yw, mesur caeth heb

Religion, holy maid, will ever be
To love a harsh and bitter enemy;
   A leaf-green mantle and a wedding ring
Were for thy vows a fairer warrantry.

Come to the cloister'd birch, the church of May,
Where chants the cuckoo his religious lay
   Among the reverential trees,—and who
Can chide us twain, if we win heav'n to-day?

§8

HIS other importance is that he is the "father of the cywydd." It is as the poet of the cywydd that he is celebrated by his successors—"Davydd of the wine-sweet cywydd." Says Gruffudd Grug:

> Men said that his cywydd once
> Was in Gwynedd a marvel of newness.

It is now generally agreed that Davydd did not invent the cywydd form, but it is also agreed that it was his genius that fashioned the cywydd as we know it to-day. Before his time, it was one of the metres in which the Household Bard sang, and was no part of a Pencerdd's art, on account of its simplicity. For that reason we do not find a single instance of the cywydd metre in the Odes before

gynghanedd ynddo. Yng Ngramadeg Einion Offeiriad, un o lyfrau'r beirdd, mae un enghraifft fer o gywydd o flaen Dafydd wedi ei chadw. Disgrifiad neu "ddyfaliad" ydyw o farch, ac nid oes ynddo ddim cynghanedd; cyfres o gwpledau ydyw a saith o sillafau ym mhob llinell, ac ym mhob cwpled mae'r sillaf olaf, neu'r odl, mewn un llinell yn ddi-acen (fel *meddynt* yn y cwpled uchod) a'r llall yn acennog (fel *gynt*). Yr oedd ffurf arall, fwy cyntefig efallai, ar yr un mesur, sef y *Traethodl*, lle y caniatéid i'r *ddwy* linell fod yn ddi-acen. I ddangos hynny dyma ddarn o *Draethodl* Dafydd i'r Brawd Llwyd:

> O'r nef y cad digrifwch,
> Ac o uffern pob tristwch.
> Cerdd a bair yn llawenach
> Hen ac ieuanc, claf ac iach.
> Cyn rheitied imi brydu
> Ag i tithau bregethu. . . .

Un peth a wnaeth Dafydd oedd cymryd yr hen fesur poblogaidd ansafonol hwn a'i ganu yn null y Pencerdd. Ar y cyntaf, nid oedd y gynghanedd a roes ynddo yn gyflawn, a gellir pennu pa rai oedd ei gywyddau cyntaf wrth hynny. Sylwer ar y *Cywydd i Forfudd* (t. 12); nid oes cynghanedd yn y llinell gyntaf, y drydedd, a'r bumed; ond yn yr ail a'r chweched y mae'r hen gynghanedd sain safonol, Y Sain Gyflawn, sydd yn nodweddiadol

his time; indeed it is not found in Davydd's own Odes, that is to say, in those poems which he composed in the older tradition. In its old form it was an unfree measure without cynghanedd (alliteration); in the *Grammar* of Einion Offeiriad (Einion the Priest), one of the text books used by the bards, one short example of the old cywydd has been preserved. Its theme is a "*dyvaliad*," (a poetical description) of a steed, and it has no cynghanedd. It consists of a series of couplets with seven syllables in each line, and the two rhymes of the couplet are differently stressed—one being unaccented and the other accented; as if, in English, one were to rhyme *free* with *glory*, or *grand* with *husband*. This measure is also found in a different and perhaps more primitive form, called *Y Traethodl*, or the Prose-Rhyme, where both rhymes could be unaccented, as in the example opposite from Davydd's Contention against the Grey Friar, which may be rendered as follows:

> From heav'n came every joy, and every grief
> From hell; song maketh glad the heart of young
> And old, of whole and sick. I say to thee,
> As meet it is that I should speak in rhyme
> As thou in sermons . . .

One of Davydd's feats was to take this popular and unliterary metrical form and treat it in the manner of the Pencerdd. At first he did not employ the full scheme of alliteration (*cynghanedd*) which

o'r awdlau yng nghyfnod Dafydd. Yn ddiweddarach, yn ei gywyddau dyfalu y down atynt yn y man, yr oedd ganddo gynghanedd lawn. Fel rheol, y mae'r cywyddau cynganeddol yn fwy modern eu harddull a'u cystrawen na'r cywyddau sydd heb gynghanedd lawn, a dengys hynny fod Dafydd, wrth fyned ymlaen, nid yn unig yn helaethu ei destunau ond ar yr un pryd yn ymberffeithio yn ei feistrolaeth ar ei fesur. Efelychodd ei gyfoeswyr a oedd yn iau nag ef ddull ei gywydd, ond ni allodd Gruffudd Grug na Iolo Goch ymryddhau fel y gwnaeth Dafydd eu hathro o lyfetheiriau yr hen farddoniaeth. Llawer llai yw eu meistrolaeth ar fynegiant y cywydd nag ar ei gynnwys.

Nid diogel yw barnu oddi wrth yr ychydig a gofnodir am yr hen gywydd a'i gynnwys cyn amser Dafydd, ond y mae un peth yn amlwg, mai gwaith mawr beirdd y cywydd oedd "dyfalu," ac nad oedd hynny 'n rhan o waith yr hen Bencerdd. A dyna'r ail beth a wnaeth Dafydd o'r newydd—gwneud "dyfalu" yn waith pencerdd; dyfaliadau mewn gwahanol fathau o ffrâm ydyw'r rhan fwyaf o'i gywyddau. "Dyfalu" yn fyr yw disgrifio, canu am ryw wrthrych, a'i ganmol neu ei oganu drwy bentyrru cymariaethau ffansïol a gormodieithol amdano.

Dyfaliad o'r march ydyw 'r darn hwnnw o hen gywydd sydd wedi ei gadw yng Ngramadeg Einion

was then found in Wales, and this absence of cynghanedd helps us to decide which were the earlier of his cywyddau. Notice the *Cywydd to Morvudd* (p. 12); there is no cynghanedd in the first, third, and fifth lines; in the second and sixth we find the old standard form of "*Sain Gyvlawn,*" which is characteristic of the Odes of Davydd's period. Later, in his *Dyvaliadau*, presently to be noticed, the cynghanedd was complete. Generally speaking, the cywyddau with full cynghanedd are more modern in syntax and style than the others—which shows that Davydd's metrical skill increased as his mastery of his material became more assured. His younger contemporaries could imitate his manner, but neither Gruffudd Grug nor Iolo Goch could break free from the shackles of traditional song, as their master Davydd did. Their skill in handling the theme was greater than their mastery of expression.

It is not safe to form conclusions about the old cywydd and its themes before Davydd's time, but one fact stands out—its chief form consisted of "*Dyvalu,*" and "dyvalu" was no part of the Pencerdd's duty. And here lies the second of Davydd's great innovations—he made a Pencerdd's song of the Dyvaliad; most of his cywyddau are dyvaliadau in one or another of the many frames he employed for them. In brief, "dyvalu" consists of describing an object minutely, in praise or satire, by means of

Offeiriad; yr oedd cymaint o'r math hwn o ddyfalu yn ddiweddarach yn y cywyddau fel yr edrychid ar "Gywydd March" fel *genre*, fel math arbennig o gywydd. Yn ddiweddarch na Dafydd, datblygodd y cywyddau dyfalu ddwy nodwedd— yn gyntaf, mwy o arfer ar y ffigur ymadrodd "gormodiaith," ac yn ail, mewn "Cywyddau Gofyn" yn unig (hynny yw, cywyddau dros y bardd ei hunan neu dros rywun arall, i ofyn am ryw wrthrych yn rhodd neu fenthyg) y ceid y rhan fwyaf o'r dyfaliadau. Ond nid oes gan Ddafydd yr un Cywydd Gofyn, canys uchelwr rhydd ydoedd yn canu i'w foddhau ei hunan, ac ni cheir ond ychydig iawn o ormodiaith, yn yr ystyr ddiweddarach i'r gair, yn ei ddyfaliadau. Yn lle gormodiaith, yr hyn sydd ganddo ef yw ffansi bur, rhyw chwarae ysgafn gan ei ddychymyg, wrth ddisgrifio 'i wrthrych. Dafydd yw meistr y cywydd mewn mwy nag un ystyr, nid yn unig am mai ef a'i rhoes yn ei ffurf safonol, ond am na allodd yr un bardd ar ei ôl adennill ei hen gyfaredd ef. Ni wn ond am ddwy enghraifft yn holl hanes y cywydd o ganu sy'n codi at ei safon dychymyg ef—*Cywydd y Fedwen*, gan ei gyfoeswr Gruffudd ab Adda ap Dafydd, ac efallai *Gywydd yr Wylan* gan Siôn Phylip, yn nechrau'r ail ganrif ar bymtheg.

fanciful and hyperbolical similes. The fragment of older cywydd preserved in Einion Offeiriad's *Grammar* is a dyvaliad of the steed; this was so common in the later cywyddau that the *Cywydd March* (Steed-Cywydd) was regarded as a special *genre*. After Davydd, the *cywyddau dyvalu* developed two characteristics—first, an excessive use of hyperbole, and secondly, it was in the *Cywyddau Gofyn*, "Biddings" (that is to say, poems written to ask for some object as a loan or as a gift, either for the poet himself or for one of his friends) that most of the dyvaliadau were to be found. But Davydd has not a single "Bidding," because he was a free "uchelwr" singing to please himself, and in his dyvaliadau little use is made of the later forms of hyperbole; instead of that we find pure fancy, a light play of the imagination. Davydd is the master-poet of the cywydd in more than one respect; not only because it was he who gave it its standard form, but also becuase no poet after him could recapture the old enchantment. I know of only two examples of cywyddau which may be said to reach his imaginative standard—the *Cywydd to the Birch-tree* by his contemporary Gruffudd ab Adda ap Davydd, and perhaps the *Cywydd to the Sea-Gull* by Siôn Phylip, at the close of the seventeenth century.

§9

Y MAE'N amhosibl inni mewn cyn lleied â hyn o le sôn am holl destunau Dafydd ap Gwilym; ni chawn ond enwi 'r rhai pwysicaf ohonynt, a manylu ychydig ar rai o'r rheini. Yn fras, gellir rhannu cynnwys ei waith fel hyn (a chofio o hyd am yr ansicrwydd am yr awduraeth a grybwyllwyd uchod, a chofio hefyd fod yma gryn groes-ddosbarthiad, hynny yw, y gall unrhyw gywydd berthyn i fwy nag un dosbarth): (*a*) Cywyddau Serch digymysg; yn y rhain ceir sôn am deimladau'r bardd dan gynhyrfiad cariad at Forfudd neu Ddyddgu; (*b*) Rhieingerddi, neu Gywyddau Serch yn "dyfalu" 'r ferch yn wrthrychol—ei breichiau, ei gwallt, ei bronnau, a'i pharabl tawel. (*c*) Cywyddau yn ymdrin ag ochr gomic rhamant y carwr, megis ei drwstaneiddiwch wrth fyned i garu, neu yn goganu Eiddig, "*le jaloux*" chwedl y Trwferiaid, gŵr y ferch a anerchir ganddo; (*ch*) Cywyddau yn erbyn yr eglwys a moesoldeb pobl barchus; (*d*) Cywyddau yn dyfalu gwrthrychau Natur,—gellid galw llawer o'r rhain yn Gywyddau Llateiaeth; (*dd*) Cywyddau 'r Adwaith, yn sôn am angau a henaint a diwedd cariad ac ieuenctid; anodd bod yn sicr pa nifer o'r rhain sy'n eiddo i Ddafydd; (*e*) Rhyw

§9

IT is impossible in this short space to deal with all of Davydd's themes; we can only name the most important, and give a few details about some of them. We can make a rough classification of his poems (always bearing in mind the uncertainty about the authorship which was mentioned above, and also that such a classification may involve considerable cross-division, since a particular cywydd may belong to more than one class): (*a*) Unmixed Love-poems, dealing with the poet's emotions when he is in love with Morvudd or Dyddgu or some other lady; (*b*) *Rhieingerddi*, or Love-poems that have an objective "dyvaliad" or description of the lady's person—her arms, hair, breasts, and gentle voice; (*c*) Poems dealing with the comic side of the lover's experience, such as his clumsiness when he goes a-wooing, or satirizing Eiddig, "*le jaloux*" as the Trouvères call him, who is generally the lady's husband; (*d*) Poems against the Church and the morals of the respectable; (*e*) Poems that contain a "dyvaliad" or description of natural objects and living Nature—many of these could be called *Llatai-poems*, that is, poems in which an animal or bird or fish is sent as a messenger to the lady; (*f*) Poems of the Reaction dealing with death and old age, and the waning of love and

hanner dwsin o Gywyddau Moliant a Marwnadau;
(*f*) Cywyddau Ymryson â Gruffudd Grug;
(*ff*) Cywyddau "duwiol."

§10

NI chawn yma ond dwedyd gair neu ddau am rai o'r dosbarthiadau hyn. Am (*a*), sef y Cywyddau Serch, rhaid inni yn anad dim beidio â syrthio i'r amryfusedd o ddarllen i mewn iddynt ein syniadau modern ni. Y serch rhamantus—*"romantic love"*—yw'r serch a geir ym mhob un o'n telynegion ni heddiw ym mhob gwlad. Ni wyddai'r hen Roegiaid a'r Rhufeiniaid ond ychydig iawn amdano—gydag ambell eithriad pwysig fel y corawd enwog yn yr *Antigone*—ac nid oes sôn amdano yng Nghymru hyd yn ddiweddar. Ffynhonnell y "serch rhamantus" yw *Vita Nuova* Dante, ei ddatblygiad pwysicaf (ar ŵyr megis) yw Sonedau Shakespeare, a helaethrwydd ei ddisgrifiad yw'r nofelau diweddar ym mhob gwlad. Yn y canu rhamantus hwn mae rhywbeth cyfriniol ac ysbrydol, rhyw weddnewidiad megis o'r anian synhwyrus dan ddylanwad y teimladau addolgar. Nid oes yr olion lleiaf o hyn yng nghanu serch Dafydd; pleser a hyfrydwch y presennol digyfrif a di-bwyll yn unig sy'n ei

youth—it is difficult with any certainty to assign many of these to Davydd; (*g*) A few cywyddau of Praise, and Elegies; (*h*) The "Contention" against Gruffudd Grug; (*i*) "Godly" poems.

§10

WE cannot here do more than say a word or two about some of these classes. In dealing with (*a*), the Love-poems, we must guard ourselves against the solecism of reading into them the ideas of the modern world. The love that we find in the poems of to-day in every country may be described as "romantic love." The Greeks and Romans knew very little of this product of modern civilization, with the exception of a few notable examples such as the famous chorus in the *Antigone*, and it was unknown in Wales in the olden times. The source of our "romantic love" is Dante's *Vita Nuova*, and its most notable development, though in a perverted form, is found in Shakespeare's Sonnets; it reached its full maturity in the modern novel. In the literature that contains this romantic love, there is something mystical, something that might be called spiritual, a transfiguration, as it were, of the sensual nature under the influence of the sense of adoration. Of all this

gymell. Gellid cynnwys y cwbl a ddywed ef am
serch yn llinellau Catullus:

> Byw a charu fydd ein bryd,
> Eneth annwyl,—nid yw'r byd
> A'i hen ddynion moesol-groch
> Fwy o werth na cheiniog goch.

Mae'n wanwyn yn y llwyn a chân yr adar yn
ein gwahodd; ni all neb ddyfod rhyngom ni yn
awr—ni biau'r "Mai a'i lifrai las." Daw'r gaeaf du
a'i eira rywdro—ond ni biau heddiw a'i holl ogoniant; gall gofynion y bobl barchus aros hyd yfory,
ni wyddant hwy ddim am y Mai a'i chwarae difyr.
Dyna yn fyr ac yn foel yw sylwedd yr hyn a
ddywed Dafydd yn ei gywyddau serch; y drwg
yw bod llawer ohonom yn anfodlon i'w derbyn yn
syml fel y maent; yr ydym o hyd yn ceisio gwthio
ein syniadau diweddar am ddwyster y serchiadau
dynol i ganeuon Dafydd, a'u gwneud yn ffrâm i'n
rhamantaeth fodern. Mae'n wir nad ydynt mor
ddigymysg fel mynegiant o serch â *Chaniad
Solomon*, dyweder, oherwydd rhaid cofio fod arnynt
hwythau hefyd arlliw eu hoes eu hunain, sef gwrthryfel ieuenctid yn erbyn oerni ac annynoldeb
sefydliadau; ond nid Dafydd biau hynny chwaith,
yr oedd hynny'n hanfodol yng nghân y glêr. Nid
gwrthryfel mawr cymdeithasol ydyw, yn codi o
argyhoeddiadau dyfnion; mae'n llawer symlach
ac efallai yn fwy hoffus. Rhoes crwydriadau a
rhyddid y glêr gyfle i'r gwaed ifanc i ymferwi yng

there is no trace in Davydd's love-poems; his only motives are the joys and pleasures of the present, with no kind of self-analysis. All he says about love is contained in Catullus's lines:

> Vivamus, mea Lesbia, atque amemus,
> Rumoresque senum severiorum
> Omnes unius aestimemus assis.

It is springtime in the grove, and the songs of the birds are an invitation to love; no one may now come between us, ours is "May in his green livery." Sometime the dreary winter and its snow will come—but this day is ours in all its splendour; the demands of respectability will have to wait, its followers know nothing of May and its merry games. That, in a bare summary, is what Davydd expresses in his love-poems; but, unfortunately, many of us are reluctant to take them for what they are worth, we are always trying to fit into them our later ideas of the nature and depth of human love and to make them a receptacle of our modern romanticism. It is true that these poems are not so simple as the *Song of Solomon*, for instance, since they also are tinged with the thought of their own time—the revolt of youth against the cold inhumanity of organizations—but that is not due to Davydd, it was inherent in the song of the Wandering Scholars. That was not a great social rebellion depending on strongly felt convictions, it was much

ngolwg cymdeithas, ac nid oes ar ieuenctid angen nac athroniaeth nac argyhoeddiad i fynegi ei neges. Mae'n ddiddorol sylwi mai *Goliardi* oedd yr enw a roes y glêr arnynt eu hunain, "meibion Goliath." Dafydd Frenin, rhyswr yr Israel, oedd y Salmydd a ganodd hymnau a segwensiau'r Eglwys; o'r gorau, ynteu, byddwn ni 'r glêr yn canu maswedd Goliath, rhyswr y Philistiaid.

§11

AWN yn awr at y dosbarth (*d*), sef Cywyddau yn dyfalu Natur. Efallai mai hwn yw 'r dosbarth lluosocaf; yn sicr ef yw'r dosbarth pwysicaf yn herwydd ei gynnwys. Gwelsom yn barod fod "dyfalu" gwrthrychau yn rhan o waith beirdd is eu gradd na'r Pencerdd; wrth ychwanegu at urddas y Dyfaliad, nid ei osod mewn mesur cynghaneddol a safonol oedd y peth pwysicaf a wnaeth Dafydd. Gwnaeth y dyfaliad yn ffrâm i fath o ganu Natur sydd gyda'r mwyaf hoffus yn holl ganu'r byd. Wrth astudio'r cywyddau hyn, rhaid sylwi 'n gyntaf nad yw Dafydd ond yn anaml iawn

simpler than that and more lovable. In the Wandering Scholars roaming about without restriction of place or thought, the young blood could show its heat in the sight of all the world, and youth does not need convictions or a philosophy to express itself. It is interesting to note that these wanderers called themselves *Goliardi*, "the sons of Golias, Goliath." King David, the champion of Israel, wrote the psalms and hymns and sequences of the Church; very well, then, we minstrels who sing lightness and ribaldry, will be the sons of Goliath, the champion of the Philistines.

§11

LET us now consider (*e*), Cywyddau containing a dyvaliad of natural objects. This is probably the most numerous class; it is certainly the most important in content. We have already seen that "dyvaliad" belonged to the lower order of bards; Davydd dignified it by giving it a standard and acceptable form, but that is not his most important service. He made the Dyvaliad a frame to contain a kind of Nature-poetry which is as lovely as any poetry in the world. It is to be noted that he rarely has an unmixed Dyvaliad in a cywydd; perhaps it was still not sufficiently dignified to form a cywydd by

iawn yn canu Cywydd Dyfalu digymysg; efallai fod Dyfaliad yn dal yn rhy israddol yng ngolwg y wlad i wneuthur cywydd ohono. Rhaid i'r bardd gael esgus llenyddol i'r dyfaliad, a'r esgus yn amlaf yw gyrru'r gwrthrych a ddyfelir yn llatai at ei gariad. Ceir gan amlaf ar ddiwedd y cywyddau hyn ychydig gwpledau ffurfiol a chonfensiynol yn sôn am y ferch, ond nid yw hynny ond dyfais i wneuthur cywydd natur yn un o'r cerddi y gallai Pencerdd ganu arno—sef Rhieingerdd. Dro arall, ceir cwpled neu ddau ar y dechrau, a'r gweddill yn ddyfaliad digymysg; anaml iawn y ceir dyfaliad heb y ffrâm hon, a phan geir hynny, cywyddau ydynt nid i wrthrychau unigol, ond i ryw agwedd gyffredinol ar y byd allanol—Mai, yr Haf, yr Eira, ac felly ymlaen. Nid hawdd yw dywedyd beth yw hanfod dyfaliad Dafydd ap Gwilym—haws o lawer yw dywedyd yr hyn nid ydyw. Pan ddywedodd Syr Owen Edwards i Gymru gael ei Wordsworth yn y bedwaredd ganrif ar ddeg, gwnaeth gam mawr â Dafydd a Wordsworth, oherwydd nid oes dim tebygrwydd rhyngddynt. Hanfod y canu Natur gan Wordsworth yw'r ymdeimlad cyfrin o ryw bresenoldeb, rhyw "numiniaeth" (ag arfer gair y diwinyddion) mewn Natur y tu allan i ddyn sydd yn gallu tynnu gwres a golau o'r wreichionen ddwyfol sydd yn ei enaid. Nid oes yn Nafydd ddim o'r "cydymdeimlad" hwn; yn wir, ni ŵyr ef ddim am Natur fel undod, a buasai term fel

itself. The bard must get a literary pretext for introducing it; the most usual is to send the object of the dyvaliad as a messenger to the lady whom one loves. These cywyddau generally end with a few formal and conventional couplets mentioning the lady, but that is only a device for making a Dyvaliad into an accepted type of poem which a Pencerdd may sing—namely, the Praise of Woman. At other times, the conventional lines came at the beginning, but it is very rarely that the Dyvaliad is unmixed with other and better regarded material. When that happens, the theme is usually some general aspect of external nature —May, the Snow, Summer, etc.—and not an individual object—such as the Blackbird or the Salmon. It is not easy to describe the essential characteristics of Davydd's dyvaliad of Nature—it is much easier to give a negative description and say what the dyvaliad is *not*. When Sir Owen Edwards stated that Wales had her Wordsworth in the fourteenth century, he was unfair to both poets, since there is no resemblance between them. The essence of Wordsworth's Nature poetry is the poet's mystical knowledge of an outside presence, a certain "numinousness" (to use a theological term) in external Nature, which can strike fire and light out of the divine spark in man's soul. Davydd has none of this "sympathy," such a concept would be unintelligible to him; indeed he knows nothing of

"cydymdeimlad" yn ddyryswch hollol iddo; casgliad o wrthrychau unigol yw Natur iddo ef. Ond, er nad oes iddo ef *gysylltiad* rhwng enaid dyn a gwrthrychau Natur, y mae *cymhariaeth* rhyngddynt; dangos y gymhariaeth hon yw'r gamp bwysicaf yn ei holl waith.

Byddai'r hen feirdd yn cyffelybu bywyd dyn i Natur, ond bron bob amser i Natur anfywiol. Yr oedd gwahanol agweddau ar fywyd dyn yn debyg i ruthr y dyfroedd, neu i donnau'n torri ar draeth, neu i haul yn disgleirio, ond oddieithr mewn ychydig gymariaethau syml fel y rhain, ychydig iawn o le a gai Natur ganddynt hwy; gellir dywedyd am danynt eu bod yn gweled dynion fel prennau yn rhodio. Cerddodd Dafydd yn anfesuradwy bellach pan ddaeth â'r anifeiliaid a'r adar i mewn i'r gyfatebiaeth, ond gwnaeth beth mwy na hynny. Gwelodd yr hen feirdd Ddyn mewn rhai pethau yn debyg i Natur; gwelodd Dafydd Natur yn debyg i Ddyn, a'i waith ef yw canu'r tebygrwydd hwn. Nid oes gennym ofod mewn pamffledyn bychan fel hwn i ddadansoddi dim ar ei gymariaethau; ag un agwedd iddynt yn unig y cawn gyffwrdd.

Pan fydd bardd yn cyffelybu dyn i Natur, fel y gwnâi 'r hen feirdd, y mae'n ychwanegu mawrhydi ac ystyr at fywyd dyn yn y byd. Ni ellir dywedyd bod dyn fel y môr neu fel y mynydd neu fel llew heb roddi iddo ryw nobiliti ac urddas ychwanegol;

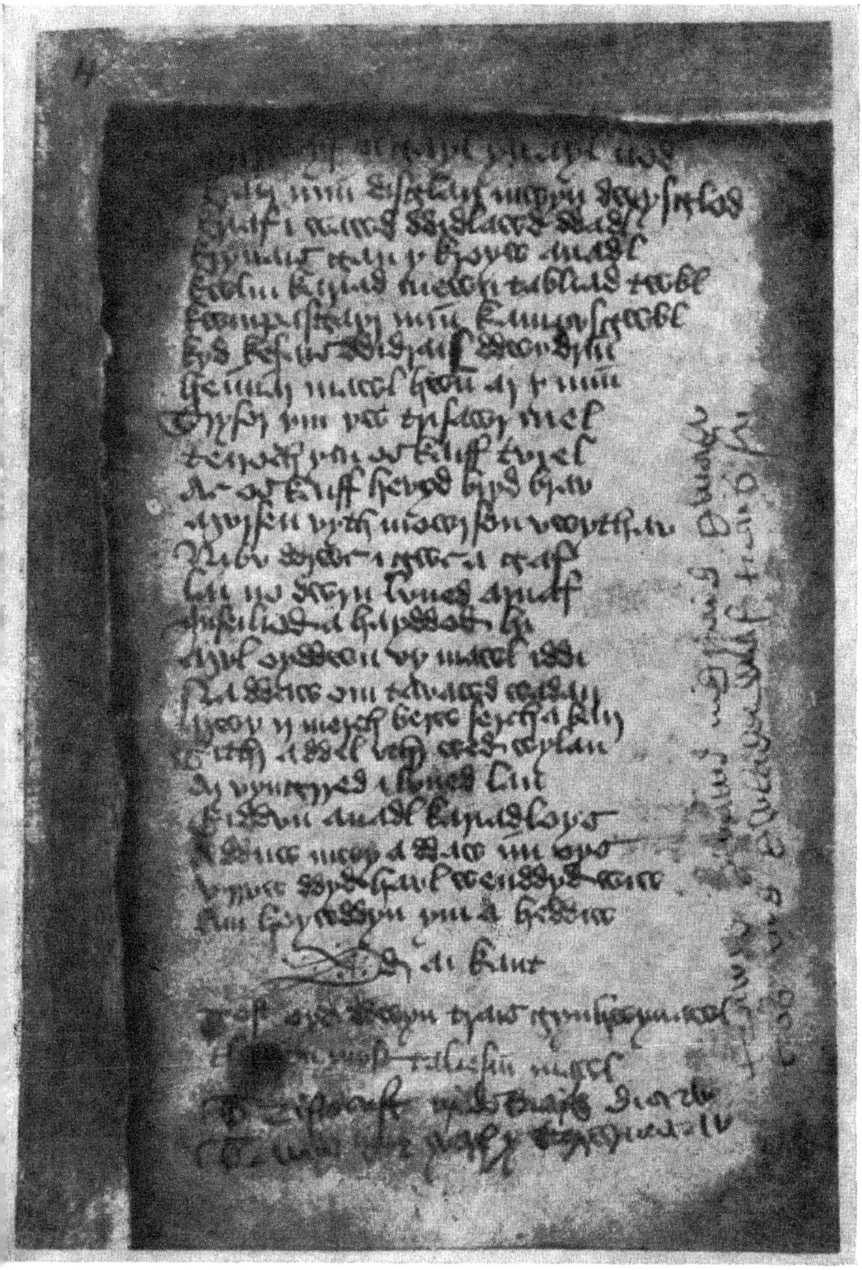

PENIARTH 48

dywoit gynn vank dywyt da
or dnw ynn ey doe ynna
dovaf mi ylo dy dod
dial ynyn o dalo nos
       Dafydd ap gwilym ai kant

27.   kywydd y oiddigedd

y voinverch hwds vankals
gwddyfy gaf gwae di or vgall
gobynnywfy dygn gwae vimob
vhiem dor yn vhoi yn dod
gwas dyn a voifn dylyn dir
a gevyddeir ylor oiddir
gwae a wyr wayw ffanglogwrdodd
glas i doigo gloes oiddigodd
prydd yth wall a wnadwyf
prit ylofw ftoydd prydwrdo voyf
mwy ylo yngobal dial dyn
no gobal ylor wdou gobyn
ynglwyf o vaen ynglyt vw
a lawdeiv pab ai loywllov
var kaol awnat gdwat gwyligvoy
vhwodd gvor vordwyn lawir loylo

a'th gaf yr haf i'th awr hardd
a'th gândwf a'th egindarD
Dy hinon yn dirion deg
Awgennad i Forganwg
Teiog ford, gwna'r lle'n llawn
Ag annerch y Sir gwynion
Rho duf, rho gynhwf gwanhwyn
a chynnull dy Wellt i dwyn,
Tywynna'n falch ar galch gaer
yn luglawn yn olewglas
Dod yw'n y fro dy frigg
yn wyrain lawn yn irwisg
ysgwyd llwyth o ber ffrwythydd
yn rad gwrs ar hyd ei gwydd
Rho gwrid fal ffrwd ar bob ffrith
a'r gwenwydd ar dir gwenith
gwisg Derllan gwialan a gardd
a'th lawnder i'th ffrwythlondawdd,
Gwasgar hyd ei daear deg
Gu nodau dy gain adeg
Ag ynghysnod dy flodau
a'r miwail frig tewddail tau
lasglas y rhos a'r clawdd
Gwrill Dolau a gawmau gwydd
Rhoyw feillion dillynion llawr,
a glwyshant flur y glasbann

Nature as a unity—to him Nature is a collection of single objects and phenomena. Yet, though there was no *connection* between man's soul and external Nature, there was a *comparison;* his greatest achievement was to demonstrate this comparison.

The older poets used to compare man's life to Nature, but that Nature was almost always inanimate. Certain aspects of man's life were like the rushing flood, the waves breaking on the strand, the sunshine, but otherwise Nature has a very small part in their poetry. Davydd went immeasureably further when he used the birds and animals in his comparisons, but he did more than that. The older poets saw that man, in certain aspects, was like Nature; it may be said that they saw men as trees walking. Davydd saw that Nature was like man, and his part was to put that likeness in song. We have here no space to analyse his comparisons; we can only touch on one aspect.

When a poet compares man with Nature, as the old bards did, he gives man's life in this world a majesty and meaning. You cannot say that a man is like the sea or like a mountain or a lion without giving him an additional nobility and dignity. Everyone feels a kind of exalted pensiveness when he considers Nature as a background of his own life, a consciousness of loneliness and transitoriness; you will find all this in Millet's pictures of the

y mae rhyw ddwyster aruchel a difrif ym mhawb
pan ystyrio Natur fel cefndir i'w fywyd ef ei hun,
rhyw ymdeimlad o fyr barhad ac unigrwydd; fe'u
cewch yn narluniau Millet o wladwyr yn sefyll
rhyngoch a machlud haul, neu hyd yn oed yn
Fighting Temeraire Turner lle nad oes dim ond
gwaith llaw dyn—hen long ar derfyn ei gyrfa—
i'w weled yn erbyn yr awyr. Ond pan drowch y
gymhariaeth, pan gyffelybwch anifail neu aderyn
i ddyn, yr ydych megis yn newid y teliscop am
feicroscop, ac y mae dyn ac anifail yn colli pob
difrifwch a mawrhydi yn y gymhariaeth. Gwêl
Dafydd y Ceiliog Mwyalch yn debyg i ganwr solo
yn prancio ac yn ymbincio ar ei lwyfan, a dyma
ni bawb yn gwenu'n garedig wrth ystyried y
gymhariaeth. Felly hefyd cyll yr eira ei oerni a'i
ddychryn o'i ystyried fel plu gwyddau cegin y
saint:

> Ple cymell Duw pla cymaint?
> Ple gwedd sawl plu gwyddau saint?

neu fel blawd gwenith yn disgyn o dwll yn llawr
y llofft:

> Gwelwch dynnu o'r gwaelawd
> Lifft o blanc o lofft y blawd.

A phwy na chynhesa o bleser wrth feddwl mai
canhwyllau a osododd saernïaeth Duw yn nen y
byd yw'r sêr?

> Bendith ar enw'r Creawdrner
> A wnaeth saeroniaeth y sêr.

rustic workers standing between you and the sunset, or even in Turner's *Fighting Temeraire*, where there is only the work of man's own hands, an old ship at the end of its course, to be seen against the sky. But when you reverse the comparison, when you compare an animal or a bird to a man, you change the telescope, so to speak, for the microscope, and man and animal lose all seriousness and dignity in the process. Davydd sees the Blackbird like a solo-singer bowing and mincing on his stage, and we all laugh at the ideas which this comparison evokes. So the snow loses its chill and terror when we think of it as the goose-feathers falling from the saints' kitchen:

> Where else does God send us such a plaguy visitation?
> Where else are so many feathers of the saints' geese?

or as wheaten flour falling from a hole in the loft floor:

> See how a length of planking has been lifted
> From the floor of the flour-loft!

And who does not glow with pleasure to think that the stars have been placed in the ceiling of the world by Carpenter God?

> A blessing on the Lord Creator's name
> Who wrought the carpentry of the stars.

Even when he describes the terrors of Nature—the Thunder and the Mist—he makes them homely by placing them in the middle of man's jolly family.

Hyd yn oed wrth sôn am ddychrynfeydd Natur,
y Daran a'r Niwl, gwna hwy'n gartrefol drwy eu
gosod yng nghanol hen deulu diddan dyn.

Ond dyfalu'r adar yw ei brif gampwaith ef;
offeiriaid ydynt yn darllen y gwasanaeth heb fethu
un gair nac acen, neu gerddorion a beirdd yn canu
odlau serch yn ddi-baid. Am y Ceiliog Mwyalch
dywed:

> Y ceiliog mwyalch balchbwyll,
> Dawn i'th dâl, a dyn [Duw?] ni'th dwyll.
> Cyfion mewn glyn d'emyn di
> Cyson o union ynni.
> Crefyddwr wyd anwydawl,
> Credi fi, croyw yw dy fawl.
> Gwisgaist, enynnaist annerch,
> Gwisg ddu, nid er selu serch.
> Gwisg a ddanfones Iesu
> Is y dail it osai [o sae?] du,
> A dwbwl gwell na deuban
> Mawr ei glod, o'r mwrai glân.
> Sidan gapan am gopa
> Yn ddu roed yn ddiau'r ha',
> Dwbled harddgled mewn rhedyn
> Blac y lir uwch glandir glyn.
> Muchudd dy ddeurudd eirian,
> Pig cwrel gloyw angel glân.
> Prydydd wyd, medd proffwydi,
> Cywyddol maenol i mi,
> Awdur cerdd adar y coed,
> Esgud, cyw mwyndrud meindroed.
> Os gwyddost yn osgeiddig,
> Annerch gwen dan bren a brig;
> Os gwn innau o newydd
> Sgwir gwawd, ysgwier y gwŷdd,

But his greatest feat is to make dyvaliad of birds; they are priests reading the service and poets singing unending love-odes. Of the Blackbird he says:

> High-hearted songster, in no wise
>   May craft of fowler be thy bane!
> Melodiously thine anthems rise
>   As from the glen thou sing'st amain.
> Impassion'd friar of the grove
>   That kindlest thy soul's ecstasy,
>   Hark thou to me,—
> Thy sable cowl marks thee not loth to love.
>
> With cowl of murrey deck'd art thou,
>   By Jesu's grace, of osey hue,
> With diadem above thy brow
>   Of silk, betrickt with summer dew.
> Among the valley bracken green,
>   Thy beak as gem of coral set
>   And thy cheek's jet
> And mantle glisten with a radiant sheen.
>
> Well have the holy prophets said
>   Thou art the gem of poesy,
> Proud virtuoso that dost tread
>   With precious footsteps mincingly.
> Dark singer of the woods, away!
>   Sing to my Gwen thy loveliest song
>   And my life long
> Thy praise renewed shall be a laureate lay.

Notice the two spheres from which Davydd draws his comparisons—those of the churchman and the minstrel. These were also the two concerns of Y Glêr, and many of their Latin songs parodying

Ganu moliant a'i wrantu
I ti, y ceiliog, wyt du.

Sylwer ar y ddau fyd y tyn Dafydd ei gymhariaethau ohonynt—byd yr eglwyswr a byd y bardd. Dyna hefyd oedd dau fyd y glêr, ac y mae ar gadw lawer o'u caneuon Lladin sydd yn barodïau ar wasanaeth yr Eglwys; fel y canodd Dafydd Frenin Salmau 'r Eglwys, felly y cân Goliath barodi Philistaidd arnynt. Nid oes gan Ddafydd ddim o'r parodïau hyn, yr oedd yn fab teyrngar i'r Eglwys ar waethaf ei ysmaldod, ond mae ganddo gywyddau sy'n cymryd gwasanaeth yr Eglwys fel ffrâm i'w gymariaethau. Yr enwocaf ohonynt yw *Claddu 'r Bardd o Gariad*. Dyma ddarn ohono:

> . . . O'm lleddi, amwyll wiwddyn,
> Yr em wen hardd, er mwyn hyn,
> Euawg y'th wneir, grair y gras,
> Ymgel, wen, o'm galanas.
> Minnau mewn bedd a gleddir
> Ymysg dail a masw goed ir.
> Arwyl o fedw irion
> Yfory a gaf dan frig onn.
> Amdo wenwisg amdanaf,
> Lliain hoyw o feillion haf,
> Ac ysgrîn i geisio gras
> Im o irddail am urddas,
> A blodau llwynau yn llen
> Ac elor o wyth gwialen.
> Y mae gwylanod y môr
> A ddôn' fil i ddwyn f'elor.
> Llu o goed teg, llyg a'u twng,
> Em hoywbryd, â i'm hebrwng,

the Church service have been preserved; as King David made the psalmody of the Church, so Goliath makes a Philistine parody on it. Davydd has none of these—he was a loyal son of the Church in spite of his jokes at her expense—but he has some cywyddau in which the Church service forms a convenient frame for his comparisons. The most famous of these is *The Burial of Davydd who died of Love;* here is a portion of it:

> . . . Beware, sweet damsel, lest thou be
> My bane for thy perversity,
> For, in the pride of thy young bloom,
> Thou'lt stand a miscreant for my doom.
> And I, in restful death, shall be
> Where luscious boughs shall cover me;
> Birch leaves with due rites shall be laid
> To deck me 'neath the ashtree's shade,
> And, round me, for a covering
> A cere-cloth of white buds shall cling,
> And my fair coffin shall be seen
> Shade-pattern'd by the foliage green,
> With pall of flowers, spread in state,
> Above a bier of withies eight.
> The grey-wing'd pilgrims of the sea
> The bearers of my corpse shall be,
> And giant trees in stately growth
> Shall of the dormouse take the oath
> To lead for me the mourning throng
> The summer's cloisters green among;
> And my blest images shall be
> Two nightingales, as pleaseth thee,
> An altar such as summer weaves
> Enchancel'd in the latticed leaves
> Above a fair mosaic floor,—

> Ac eglwys im o glos haf
> Yn y fanallt, ddyn fwynaf,
> A dwy ddelw da addoli,
> Dwy eos dail, dewis di,
> Ac yno wrth gae gwenith
> Allorau brics a llawr brith,
> A chôr, ni chae'r ddôr yn ddig,
> A roddir, nis gŵyr Eiddig,
> A brodyr a ŵyr brydwaith
> Llwydion a ŵyr Lladin iaith,
> Orau mydr o ramadeg
> O lyfrau dail, lifrai deg,
> Ac organ gwych y gweirgae
> A sain clych mynych y mae;
> Ac yno ym medw Gwynedd
> I mi ar bâr y mae'r bedd . . .

Wrth ymwneuthur ag adar ac anifeiliaid y mae ei gyffyrddiad ysgafnaf; pan gân am Natur anfywiol, dyfnha'i dôn, a llaesa ei ddychymyg at bethau mwy difrif. Yn y rhain, caiff ei gymariaethau ym mywyd cymdeithasol ei oes—gweithrediadau 'r gyfraith, bywyd y milwr, gwaith y crefftwr, ac felly ymlaen. Dyma ddarn o'r *Cywydd i'r Gwynt:*

> Yr wybrwynt helynt hylaw
> Agwrdd drwst a gerdda draw,
> Gŵr eres wyt garw ei sain,
> Drud byd heb droed heb adain . . .
> Dywed im, diwyd emyn,
> Dy hynt, rhyw ogleddwynt glyn . . .
> Nac aro di, nac eiriach,
> Nac ofna er Bwa Bach.

> No Eiddig there may lock the door!
> And friars that know poesy,
> Grey masters of Latinity
> Reading from leaf-books over me,
> With grammar right and quantity,
> And, singing requiems all the day,
> The unmatch'd organ of the hay,
> And many a tuneful greenwood bell
> Shall chant o'er me its passing knell;
> Thus in the far Gwynedd's birchen grove
> My grave awaits me for my love.

It is in poems dealing with birds and animals that we find his touch at its lightest; when he sings of inanimate nature, his tone deepens and his imagination seems to turn to graver matters. In these he borrows most of his comparisons from the social life of his time—the processes of the law, the life of the soldier, the handiwork of the craftsmen, and so on. Here is a portion of the *Cywydd to the Wind:*

> O wind of heav'n, that on thy furious course
>   Stalk'st forth a haughty conqueror,
> In panoply of mighty sounds, and force
>   Of icy darts, a footless wingless wight,
> Speeding in madness from some northern shore,—
>   Stark son of heav'n, where be thy goal, where tends
>   thy flight?
> That base informer shun who secretly
>   Sends forth his venom far and wide;
> Thou winnower of leaves from each crank tree,
>   No man may stay thy course, no law restrain.
> No sheriff's hand can stop thy headlong ride,
>   Nor gleaming sword, nor rushing torrents swoll'n
>   with rain.

Cyhuddgwyn wenwyn weini,
Caeth yw'r wlad a'i maeth i mi,
Nythod ddwyn, cyd nithud dail,
Ni'th dditia neb, ni'th etail
Na llu rhugl na llaw rhaglaw
Na llafn glas na llif na glaw.
Ni'th ladd mab mam gam gymwyll
Ni'th lysg tân, ni'th lesga twyll.
Ni boddy, ni'th rybuddiwyd,
Nid ei ynglŷn, diongl wyd.
Nid rhaid march buan danad,
Neu bont ar aber, na bad. . . .
Ni 'th wŷl drem, noethwal dramawr,
Fo 'th glyw mil, nyth y glaw mawr.
Rhad Duw wyd ar hyd daear,
Rhuad blin doriad blaen dâr.
Noter wybr natur ebrwydd,
Neitiwr gwiw dros nawtir gŵydd. . . .
Seythydd ar froydd eiry fry,
Seuthug eisingrug songry',
Drycin yn ymefin môr,
Drythyllfab ar draethellfor.
Huawdl awdr hudol ydwyd,
Hëwr, dyludwr dail wyd.
Hyrddiwr breiniawl, charddwr bryn,
Hwylbrenwyllt heli bronwyn.

§12

BETH mewn byr eiriau yw lle Dafydd ap Gwilym ym marddoniaeth Cymru? Y dyddiau hyn sonnir llawer am werth traddodiad mewn llenyddiaeth, ac anodd yw gor-bwysleisio hynny yn hanes barddoniaeth Cymru. Dyry gwaith Dafydd,

None ever billed thee. Thou can'st ne'er be caught,
   Thou thing of naught, in sweet caress.
No jealous man, with madd'ning wrath distraught,
   Could slit thine airy life, nor fire burn.
No need hast thou of steed, fleet nothingness,
   Nor bridge to cross the flood, nor wherry to return.

No eye may look within thy hidden lair,
   Thine is the rainstorm's very nest.
A tumbler thou, whose platform is the air,
   With leap that spurns the puny tilth of men,
A roarer o'er the earth at God's behest,
   That rend'st, with crash of heaving oaks, the glen.

A roving archer that send'st up on high,
   With awesome twang thy random shaft,
Prancing on lonely shores with frenzied cry,
   Storm-craftsman working on the wild sea-strand,
Thou sowest tumult with a demon craft,
   Holding the salt sail-tossing waves at thy command.

§12

WHAT in brief is Davydd's place in Welsh poetry? Nowadays we hear much of the value of tradition in literature, and it would be difficult to overstress the force of tradition in Welsh poetry. Apart from its intrinsic worth, Davydd's

ar wahân i'w werth prydyddol cynhenid, olau
ar y mater hwn o ddau gyfeiriad gwahanol.
Yn y lle cyntaf, ef yw'r enghraifft gyntaf a phwys-
icaf o'r newidiwr mewn llên, y bardd a all, drwy
angerdd ei ddawn a gwreiddiolder ei weledigaeth,
adael yr hen rigolau traddodiadol a cherdded ffordd
newydd a dieithr. Nid rhaid i feirdd fel Dafydd
ddyfeisio 'r ffordd honno 'n ddigyfrwng o'u dych-
ymyg eu hunain; yn wir, anaml os byth y gwneir
hynny. Yn gyffredin, byddant yn canlyn ffordd
sydd eisoes yn gyfarwydd i feirdd mewn gwledydd
neu mewn cyfnodau eraill; felly hefyd y gwnaeth
Dafydd. Yr oedd ei ddefnydd a'i gyfrwng yn
barod iddo—cafodd ei ddefnydd gan mwyaf gan y
glêr a'i gyfrwng gan y beirdd israddol Cymreig.
Ond ei athrylith ef a ddug y ddau at ei gilydd, ac
wrth wneuthur hynny torrodd fwlch yn yr hen
draddodiad oesol; neu, a dewis gwell ffigur, tyfodd
gangen newydd ar yr hen gyff. Yr ail fater yw
gwydnwch parhaol yr hen draddodiad Cymraeg.
Er holl ysblander caneuon newydd Dafydd, er holl
ddylanwad ei athrylith ddigymar, yr oedd yr hen
draddodiad yn dechrau llifo 'n ôl yn araf cyn
gynted ag yr oedd Dafydd wedi tewi. Erbyn
diwedd y ganrif nesaf—y bymthegfed—yr oedd
ei lanw mawr wedi ail-orchuddio 'i hen diriogaeth
i gyd; mae Tudur Aled ar ddiwedd y bymthegfed
ganrif ym mhopeth hanfodol mor draddodiadol â
Chynddelw Brydydd Mawr yn nechrau'r drydedd

poetry illustrates this in two different ways. First, he is the earliest and most important example of the revolutionary in Welsh literature, the first of the poets whose poetic gifts and originality of vision enabled them to leave the old traditional ruts and to travel on new and trackless territory. Poets like Davydd need not invent their new methods from their own imagination without a suggestion from the outside; that happens hardly ever. Generally they tread paths already known to poets in other countries or in other periods. So did Davydd; his material and medium already existed, since he received most of his material from Y Glêr, and his medium from the Welsh bards of the lower orders. But it was his genius who brought together material and medium, and when that was done, the old tradition of the ages had been breached, or, to choose a fitter metaphor, a new branch had grown on the old stock. Secondly, the later history of the cywydd shows that the old tradition was as tough as ever. In spite of the splendour of Davydd's new verse, in spite of his peerless genius, the old tradition began silently to seep back into Welsh poetry as soon as Davydd had ceased to sing. By the end of the next century—the fifteenth—it was in full flood again, and had covered all its ancient domain; Tudur Aled, at the end of the fifteenth century, is in all essentials as traditional as Cynddelw at the beginning of the thirteenth. But no

ar ddeg. Ond ni allai 'r un bardd fyned yn ôl i iaith nac i fesurau Cynddelw; yr oedd yn rhaid iddo ymwisgo yng Nghymraeg Dafydd ap Gwilym ac yn y mesur a berffeithiasai ef. Pan arweiniodd Syr John Morris-Jones yn yr ugeinfed ganrif ein llenyddiaeth yn ôl at yr hen ffynonellau, gwnaeth dri llenor yn symbolau ac esiamplau o draddodiad clasurol Cymru—Gronwy Owen, Elis Wyn, a Dafydd ap Gwilym.

poet after Davydd could return to Cynddelw's language and metre; all had to clothe their work in the garments which Davydd had provided and perfected. When, in the twentieth century, Sir John Morris-Jones led us back to the ancient fountains of our literature, he made three writers the symbols and examples of the classical tradition of Wales— Gronwy Owen, Ellis Wyn, and Davydd ap Gwilym.

LLYFRYDDIAETH FER

Testun

1. *Cywyddau Dafydd ap Gwilym a'i Gyfoeswyr.* Ifor Williams a Thomas Roberts. 1914. Pedwerydd argraffiad o Wasg Prifysgol Cymru, 1935.
2. *Barddoniaeth Dafydd ap Gwilym.* Owen Jones [Owain Myfyr] a William Owen [Pughe]. 1789.
3. *Gwaith Dafydd ap Gwilym* (Cyfres y Fil). O. M. Edwards.

Bywyd Dafydd a'i Waith

4. Y Rhagymadrodd i Rif 1 uchod. Ifor Williams.
5. "Dafydd ap Gwilym a'r Glêr" (*Trans. of the Hon. Society of Cymmrodorion*, 1913-14). Ifor Williams.
6. *Recherches sur la Poésie de Dafydd ap Gwilym.* Th. Chotzen. 1927.
7. *Braslun o Hanes Llenyddiaeth Cymru.* Saunders Lewis. 1932.

Ei Gyfnod a'i Gefndir

8. "Bardism and Romance" (*Trans. of the Hon. Society of Cymmrodorion*, 1913-14). T. Gwynn Jones.
9. *Rhieingerddi'r Gogynfeirdd.* T. Gwynn Jones. 1915.
10. *Cerdd Dafod.* J. Morris-Jones. 1925.
11. Rhif 7 uchod.
12. *Gramadegau'r Penceirddiaid.* G. J. Williams ac E. J. Jones. 1934.
13. *Llywodraeth y Cestyll.* Ambrose Bebb. 1934.
14. *Cymru'r Oesau Canol.* Robert Richards. 1933.
15. *Euphorion.* Vernon Lee. 1884.

Y Glêr

16. Rhif 1, 5, 6, 8 uchod.
17. *The Wandering Scholars.* Helen Waddell. 1927.
18. *Medieval Latin Lyrics.* Helen Waddell. 1929.

Iolo Morganwg

19. *Iolo Morganwg a Chywyddau'r Ychwanegiad.* G. J. Williams. 1926.

www.ingramcontent.com/pod-product-compliance
Lightning Source LLC
Chambersburg PA
CBHW022118090426
42743CB00008B/912